Günter Wallraff
Und macht euch die Erde untertan

Günter Wallraff

UND MACHT EUCH DIE ERDE UNTERTAN

Eine Widerrede

Steidl

Bitte fordern Sie unser kostenloses Gesamtverzeichnis an!

1. Auflage November 1987
© Copyright: Steidl Verlag, Göttingen 1987

Fotos: Max Messerli (S. 44, 48, 55), Günter Zint (S. 95)
Umschlaggestaltung:
Klaus Staeck/Gerhard Steidl/Barbara Munsch
Gesamtherstellung: Steidl, Druckerei und Verlag,
Düstere Straße 4, 3400 Göttingen
ISBN 3-88243-084-2

»Aber warum habe ich armseliger mich nicht
besser vorgesehen? Und warum habe ich anderen so leicht geglaubet? Allein, wir sind Menschen, und nichts anderes, als schwache Menschen, wenn wir schon von vielen für Engel
gehalten und Engel genennet werden.«

…»Obwohl ich mich keiner Schuld erinnere, so
kann ich dennoch mich dadurch nicht rechtfer-
tigen«…

Thomas von Kempen
»Von der Nachfolge Christi«
Augsburg 1782

*

Aus gegebenem Anlaß als Geleitwort zu
meinem Buch ausgewählt

Günter Wallraff
13. Oktober 1987

Inhalt

Günter Wallraff

Und macht euch die Erde untertan…

Eine Widerrede

»Am Anfang schuf Gott Himmel und Erde.
Und die Erde war wüst und leer, und es war
finster auf der Tiefe.«

Diese Worte aus der biblischen Schöpfungsgeschichte sind in jüngster Zeit vielfach zitiert worden: als Prophezeiung! Wüst und
leer und finster, so würde die Erde aussehen
nach dem atomaren Holocaust. Amerika-
nische Klimaexperten haben herausgefun-
den, daß durch die unzähligen Brände – von
Industrieregionen, Ölfeldern, Städten, Wäl-
dern – der Himmel wochen- und monatelang
verdunkelt wäre. Die Folge wäre eine end-
lose Dezemberdämmerung, auch im Sommer. Unter solchen Bedingungen würde das
Wachstum der Pflanzen aufhören, und die
Ernährungsgrundlage für die überlebenden
Menschen und Tiere wäre zerstört. Das Ende
der Schöpfung gleicht in solchen Szenarien
ihrem Anfang: Beide spielen sich auf drama-
tische Weise ab. Wir wissen aber heute auch,
daß sich die Schöpfung sehr undramatisch

entwickelt hat und entwickelt. In drei Milliarden Jahren brachte die Erde unzählige pflanzliche und tierische Arten hervor. Die Vielfalt von Lebewesen, deren Zeitgenossen wir sind, ist eigentlich nur eine Momentaufnahme einer geradezu verschwenderischen Natur. Keine neue Arche Noah, auch keine »Gen-Bank« könnte das retten, was die Menschheit, voran die »westliche Zivilisation«, eingekreist hat und im Begriff ist, in nur wenigen Jahrzehnten auszurotten.

Aus der christlich-jüdischen Tradition stammen die Vorstellungen, wie wir mit der Natur, mit unserer eigenen Lebensgrundlage umgehen. Der Sündenfall des Menschen besteht darin, sich zum Ebenbild Gottes gemacht zu haben. Selbst noch für den hartgesottensten Atheisten und Materialisten ist der Mensch die *Krone der Schöpfung,* der eigentliche Zweck der Evolution. Und nur der Mensch, und zwar der gläubige Mensch, darf auf Erlösung hoffen, während nichtmenschliche Wesen von vornherein davon ausgeschlossen sind. Pflanzen, Tiere, zuweilen sogar Frauen, haben nämlich keine Seele.

Eine zweite Idee aus der Schöpfungsgeschichte ist erst in unserer Zeit richtig zum
Durchbruch gelangt:

»Seid fruchtbar und mehret euch, und füllet
die Erde, und machet sie euch untertan, und
herrschet über die Fische im Meer und über
die Vögel unter dem Himmel und über alles
Getier, das auf Erden kriecht.« (Genesis,
Kap. 1)

Sich die Erde untertan machen: Das kann
etwas Befreiendes sein, nämlich Naturzu-
sammenhänge zu erkennen und zu verstehen. Davon sind wir aber weit entfernt.
Die großen wissenschaftlichen Entdeckun-
gen der Neuzeit sind in den Händen der
Mächtigen zu Mitteln der Ausbeutung von
Mensch und Natur geworden. »Und machet
sie euch untertan«. Im alten Volk Israel ist
über die Jahrhunderte hinweg ein waches
Bewußtsein dafür vorhanden, daß es vor
allem die Mächtigen sind, die dem gefühl-
losen gefährlichen Größenwahn verfallen,
die immer wieder Katastrophen herbeifüh-
ren.

In der Geschichte vom »Turmbau zu Babel« wollen sie »eine Stadt bauen und einen Turm, dessen Spitze bis an den Himmel reicht« (Genesis, Kap. 11). – Supermachtsgebärden, Gigantomanie: Die größenwahnsinnigen Architekten und ihre Auftraggeber scheiterten. Gott – so erzählt uns die Sage – verwirrte ihre Sprache. Auf unsere heutigen Verhältnisse übertragen: Die Kommunikations- und Kontrollsysteme, wie zum Beispiel bei SDI, versagen. Die Elektronik in den Raketen fällt aus und läßt sie auf eigenen Boden niederfallen oder im Weltall verglühen.

Sich zum Ebenbild Gottes machen: Trotz Babel, trotz der Sintflut, trotz der Beben und Kriegskatastrophen, die die Welt erschütterten, haben die Mächtigen aller Zeiten am wenigsten dazugelernt. Sie sind es, die sich nicht – im Sinne Jesu – bescheiden »Kinder Gottes« nennen, sondern als Vertreter Gottes, als von Gottes Gnaden Eingesetzte oder gleich als Gott-gleich verstehen.

Die Mächtigen haben schließlich die Botschaft des Evangeliums vom liebenden Gott auf den Kopf gestellt und einen rachsüchtigen, rassistischen Kriegsgott auf den Thron gehoben, der keine anderen Götter neben sich duldet – alleinseligmachend –, ein Gott, der Menschen anderer Religion und anderer Hautfarbe unterdrücken und verfolgen läßt. Die Missionierung der nicht-christlichen Völker und Stämme glich vielfach Ausrottungsfeldzügen. Nur wer sich zum sogenannten »wahren Glauben« bekannte, hatte überhaupt eine Chance, zu überleben. Hatuey, ein Indianerhäuptling aus Haiti floh vor den weißen Konquistadoren in die Wälder Kubas. Dort zeigte er auf einen Korb mit Gold und sagte: »Das ist der Christengott. Seinetwegen verfolgt man uns. Seinetwegen mußten unsere Eltern und Geschwister sterben.« Drei Monate später wird Hatuey ergriffen. Er wird an einen Pfosten gebunden. Bevor das Feuer entfacht wird, verspricht ihm ein Priester Seligkeit und ewigen Frieden, falls er sich taufen läßt. »Kommen in diesen Himmel auch die Christen?« – »Ja.« – Hatuey entscheidet sich gegen diesen Himmel, und das Brennholz beginnt zu knistern!*

---

* Siehe: Eduardo Galeano in »Erinnerungen an das Feuer«, Peter Hammer Verlag, Wuppertal

Wir stehen heute, gegen Ende des 20. Jahrhunderts nach Christus, nicht nur vor dem möglichen und erhofften Zusammenbruch der Supermächte zugunsten einer blockfreien, gerechteren und friedvolleren Welt, sondern erstmals auch vor der Gefahr der Auslöschung allen Lebens auf der Erde. Es gibt kein Land, kein Gebiet, das von der Gefährdung der Schöpfung nicht betroffen ist. Boden, Wasser und Luft sind von zum Teil hochgiftigen Stoffen verseucht, die entweder gar nicht oder nur schwer abbaubar sind. Hinzu kommt, daß schon jetzt fünf Milliarden Menschen auf einer völlig überlasteten Erde leben, *täglich* 200 000 hinzukommen und wir mit immer weniger regenerationsfähigen Ressourcen auskommen müssen. Unter solchen Voraussetzungen Mittel zur Schwangerschaftsverhütung zu ächten und zu verbieten, wie das die katholische Kirche tut, geht weit über den Tatbestand der Intoleranz und Menschenverachtung hinaus, bedeutet, daß Millionen Menschen dem Hungertod ausgeliefert werden.

Auf der anderen Seite gelten alle Anstrengungen der sogenannten entwickelten Länder dem wirtschaftlichen Wachstum, um die Profitrate weiter zu erhöhen. Um diesen Zweck zu erreichen, werden nun auch noch die letzten Naturreserven angegriffen, Bodenschätze aus den vereisten Tundren des Nordens, aus der Tiefsee, aus der Antarktis geholt. Ganze Industriezweige existieren nur dadurch, daß sie Nachschub für die Waffenarsenale liefern. Oder sie produzieren immer neuen Tand für die postmodernen Wohlstandsschichten, in denen Endzeit und Weltuntergang als ästhetisches Ereignis begangen werden. Totale Erschöpfung der Natur und Exzesse der Verschwendungssucht scheinen unauflöslich zusammenzugehören.

»Wir sind so weit, daß die Natur den Menschen um Gnade bittet«, so die späte Erkenntnis eines sowjetischen Politikers in diesen Tagen.*

Aus dem 3. Jahrhundert vor Christus, zur Zeit der Perserherrschaft, stammt eine grundlegende Erfahrung, die »Daniel-

---

* Walentin Falin in einem Gespräch mit Horst-Eberhard Richter, anläßlich eines Kongresses in Moskau.

Vision«, in der die Weltgeschichte als eine von Gott gelenkte Aufeinanderfolge von Weltreichen gedeutet wird, an deren Ende der Zusammenbruch der Supermächte und die Gottesherrschaft ohne Gewalt steht. Phantasievollster Ausdruck solcher Visionen: der »Koloß auf tönernen Füßen«. Ein riesiges Standbild; der Kopf aus Gold, Brust und Arme aus Silber, Bauch und Beine aus Eisen; die Füße halb aus Eisen, halb aus Ton.

Folgendes geschieht: Ein Stein bricht von einem Berg los, zermalmt die Füße – die ganze Akkumulation von Macht, Kapital und Militär, symbolisiert von Gold, Silber und Eisen, bricht zusammen. »Danach«, so heißt es in der Vision, »wird der Gott des Himmels ein Reich erstehen lassen, das ewig unzerstörbar bleibt« (Daniel, Kap. 2) – ohne Wiederkehr menschlicher Gewaltherrschaft und Ausbeutung.

Im »Tanz ums goldene Kalb« wird Profitgier und Besitzkult symbolisiert. Auch unsere Zeit hat ihre Götzenbilder: Geld, Konsum und Wohlstand, meist auf Kosten anderer erworben, sind die Götzen unserer Tage.

In aller Welt gilt die kleine Schweiz als Hort der Sicherheit. In den unterirdischen Gewölben ihrer Banken lagern – von Finanz-Gnomen bewacht und verwaltet – die Schätze des internationalen Kapitals. Auf Nummernkonten und in vielfach gesicherten Schließfächern liegt der Mammon, der über die Jahrhunderte von den Mächtigen den Menschen und Völkern, besonders denen der sogenannten Dritten Welt, abgepreßt worden ist. Schätze von Diktatoren, Präsidenten und Industriebossen, Flucht- und Erpressungsgelder, Profite aus Devisenschiebereien, Waffengeschäften und Tributzahlungen. Für den Krisenfall, den Zusammenbruch der Weltwirtschaft, horten sie Gold – dieses Symbol für Ersatzleben, Ersatzlust, Ersatzbefriedigung, für ein vertanes Leben. Der Tanz ums Goldene Kalb ist längst zum einträglichen Geschäft geworden. Und die Götzendiener lassen sich teuer bezahlen für die vermeintliche Sicherheit, die sie garantieren.

Doch die eingebunkerte Schein-Sicherheit dieses kleinen schönen Landes trügt. Auch atomsichere Keller unter teuren Villen und riesige, gegen die Gefahren des atomaren

Infernos in die Berge vorgetriebene Höhlen können dann keinen mehr retten. Und dem erwachten Zorn der auch heute noch in Lethargie und Apathie gehaltenen Völker der ausgebeuteten Dritten Welt werden zuletzt auch die dicksten Mauern und Stahltüren nicht widerstehen.

Die Natur nicht auszubeuten und ihre Früchte nicht zu verprassen, sondern zu achten, war für Naturvölker keine Frage. Sie empfanden sich als Teil der *unio magica,* des ursprünglichen Weltzusammenhangs; sie reflektierten nicht, daß sie etwas von der Natur Verschiedenes sein könnten. Die Welt, also auch die Natur, war von Geistwesen bevölkert. Bei den Aborigines, den Ureinwohnern Australiens, haben Bäume, wie jedes Ding, eine Seele. Einige Bäume etwa stellen wiedergeborene Stammesgenossen dar, sie können reden. Wenn zum Beispiel ein Indianerstamm einen mächtigen Baum für ein Kanu fällen mußte, dann war das fast so, als ob ein Mensch stirbt. Heute dagegen werden ganze Wälder abgeholzt, um zum Beispiel die Auflage bestimmter Massenverdummungsblätter zu gewährleisten. Bei sibirischen Völkern (bei den Tungusen) war es üblich, nach dem Erlegen eines Tieres, das man dringend als Nahrung benötigte, dessen Geist um Verzeihung zu bitten und zu besänftigen.*

Heute werden Millionen von Tieren in Einrichtungen gehalten, die ihnen das Leben zum dauernden Leiden und zur ständigen Qual machen.** Wo die Achtung vor den Geschöpfen Gottes nicht mehr existiert, gibt es auch keine Achtung mehr vor den Menschen selbst.

Die Mächtigen heute und ihre Helfershelfer leben in Wahnwelten. Sie leiden unter paranoiden Zuständen, die sie nur dadurch kompensieren können, daß sie auf immer irrwitzigere Ideen verfallen. Mit der Gentechnologie wollen sie die unvollkommene Natur perfektionieren und die Schöpfung

---

* Die sibirischen Ostiaken glaubten nicht nur daran, »ihre Freunde jenseits des Grabes wiederzufinden, sondern auch ihre Rentiere, Hunde und sogar alle Bären, Wölfe und Hyänen«, die sie je hatten erlegen müssen. (Siehe »Sitten und Gebräuche aller Nationen« von K. Lang, Bd. 4, Nürnberg 1811).

** Zur weiteren Information empfehle ich: »Das Tierbuch« von Eva Kroth, Zweitausendundeins Verlag, 1985

übertreffen, damit sie sich noch besser ausbeuten läßt.

Wir haben uns selbst allein gelassen, aufgegeben, entseelt und aus jedem Zusammenhang gerissen. Unsere selbst geschaffene Einsamkeit wird uns unerträglich. In unserer Verzweiflung suchen wir nach Antwort in und aus dem Weltall – auch von höheren, gerechteren, intelligenteren Lebewesen. Rund um die Uhr werden von amerikanischen Weltraum-Forschungsstationen Botschaften bis in die entferntesten Planetensysteme geschickt. Die Menschheit versucht sich in Form von Symbolen als Adam und Eva bekannt zu machen. Zugleich tasten riesige Radioteleskope in das Dunkel des Raums nach einer Antwort, jedoch die Hilfeschreie verhallen unerhört in der Unendlichkeit des Alls. Wir sind uns unserer Einsamkeit und Verlorenheit auf dem kaum mehr navigationsfähigen Raumschiff Erde um so bewußter.

In vielem ist unsere Religion Reglementierung. »Du darfst nicht, du sollst nicht«, – Verbotskatalog und bei Verstößen Androhung von Strafen.

Unvorstellbar für uns *Gottes-fürchtige* ein Gottesbegriff, wie ihn die Indios Zentralbrasiliens mit ihrer höchsten Gottheit »Tupa« verbinden. Tupa kann zwar auch zornig und drohend sein, wenn er ihnen Blitz und Donner und Unwetter schickt. Nach der Vorstellung der Tupinambas und Guaranis aber steht diesem höheren Wesen – ganz menschlich – eine Frau zur Seite, die seine Wut zu zähmen weiß.

Aus der Schöpfungsgeschichte der Guarani-Indianer mündlich überliefert: »Tupa war wild, schleuderte Blitze, riß alles nieder und verwüstete alles. Da unterbrach ihn seine Frau: ›Tupa, lenk nicht ab. Wo hast Du Dich wieder rumgetrieben?!‹«

Und sie beginnt nun, den Gott zu kitzeln, er muß ein bißchen lachen, sie kitzelt ihn heftiger, mit der Folge, daß er sich vor Kichern und Lachen kaum halten kann.

Insofern ist Tupa typisch für die höheren Wesen der Guarani-Religion. Er wird nicht allein verehrt, sondern auch bespöttelt, er ist zugleich mutig und stark, aber auch lustig und kindlich-verspielt und darf auch Schwächen zeigen. Derartig sympathische Verhaltensweisen sind uns aus unserer Heiligen Schrift von unseren Göttern nicht übermittelt. Gott-Vater zürnt, aber lacht nicht, und der lachende Christus wurde uns von seinen Aposteln vorenthalten.

Auch der Prophet Mohammed, so wird überliefert, soll nie gelacht haben. Das Lachen erschien ihm, so wörtlich, »wie ein Signal an den Satan« und sei »als Zeichen von Schwäche und Mangel an Durchsetzung anzusehen«.

So ein einschüchternder Gottesbegriff führt dazu, daß immer noch viele Kirchengemeinden ihr Abendmahl so angestrengt, sauertöpfisch und lustlos zelebrieren, weniger als ein Fest, mehr als Pflicht, eben als Gottes-*Dienst* verrichten.

Wieviel ausgelassener, bunter, fröhlicher, unreglementierter, bis hin zum Tanz, nehmen sich da die Gottes-Feste in vielen lateinamerikanischen oder afrikanischen Kirchengemeinden aus. »Eure Religion wurde auf

steinerne Tafeln geschrieben mit dem eiser-
nen Finger eines zornigen Gottes, damit ihr
sie nicht vergeßt«, kennzeichnete Häuptling
Seattle die Missionierung der Weißen.

Die positiven ganzheitlichen Erfahrungen
vieler Naturreligionen hat das Christentum
ausgemerzt. An die Stelle des Sanften, Le-
bensbewahrenden ist das Harte, Zerstöre-
rische getreten. Die weißen Europäer, die
als Konquistadoren, als Eroberer mit dem
Schwert ihren Glauben verbreiteten, haben
den Völkern Amerikas und Afrikas nicht
nur die Lebensgrundlagen geraubt, sondern
mit der Zerstörung der Religionen auch die
kulturelle Identität. Und sie haben überall
hin ihre unchristliche Philosophie mitge-
bracht: Besitz- und Profitsucht. Das Leben ist
Gier geworden, das absolute Überspielen der
eigentlich lebenswerten Dinge. Alles, was
sich nicht in Mehrwert, Status und Prestige,
in Überlegenheit und Macht ausdrückt, gilt
als minderwertig und *wird ausgemerzt*.

Das eigentliche Leben wird dabei übersehen.
Ebenso der Faktor Zeit, der einmal durch
den Tages- und Jahreszeitenrhythmus be-

stimmt war, wird zur reinen Taktzeit. Niemand hat mehr Zeit, sie ist knapp geworden. Der Tod, der die Endlichkeit des Lebens und damit auch unsere Endlichkeit klarmachen könnte, ist etwas Entsetzliches und daher total Verdrängtes geworden. Im wirklichen Schöpfungszusammenhang, wo man nicht nur für sich, sondern auch für andere lebt, braucht man diese Angst vor dem Tod nicht zu haben.

Die Natur schlägt zurück, so lauteten Schlagzeilen nach den letzten Katastrophen in den Alpen. In der Tat schlägt die Natur zurück, die Erde beginnt, sich von den »Segnungen« der menschlichen Zivilisation zu reinigen. Und das trotz unseres Glaubens, wir hätten die Intelligenz, die Natur und die Naturgesetze zu durchschauen. Wir seien gerade darin den Tieren überlegen. Sokrates' Satz »Ich weiß, daß ich nichts weiß« ist jedoch heute aktueller denn je. Nur: Wir glauben, viel zu wissen; in Wirklichkeit wissen wir von den Zusammenhängen, in denen wir leben, sehr, sehr wenig. Wir haben hoch entwickelte Wissenschaften, aber nicht das, was man Weisheit oder Einsicht nennen könnte. Statt weiser Selbstbescheidung regiert die hybride Auffassung, alles sei machbar, Probleme, auch die ökologischen, seien letztlich technisch zu lösen. Wir allesverplanenden Macher und überqualifizierten Besserwisser. *Wir* sind es, die Entwicklungshilfe bitter nötig hätten!

Den mit *tödlicher Sicherheit* falschen Weg gehen Regierungen, die oft nur deshalb gewählt worden sind, weil ihre Vertreter vor den Wahlen versprechen, daß sich nichts ändern wird.

Den Hunger in der Dritten Welt hält man draußen, indem man die Einwanderungsgesetze und Asylrechtsbestimmungen verschärft. Die Vergiftung der Biosphäre kann man in den Griff bekommen, wenn man sie in zahllose Einzelereignisse aufsplittert, die dann irgendwo in letzten Seiten der Tageszeitungen auftauchen. Größere Einzel-Katastrophen haben immerhin noch einen gewissen Unterhaltungswert, vor allem, wenn sie lokal begrenzt bleiben und man selbst nicht davon betroffen ist.

Das sind die Rezepte, die die alten apokalyptischen Alpträume schnell wahr werden lassen. So wie in der bekannten Sage von der Sintflut, die nicht nur vom Volk Israel, sondern von allen Nachbarvölkern erzählt wurde. An warnenden Stimmen und an Menschen, die von heute auf morgen damit anfingen, eine natur- und damit menschengemäße Lebensweise zu leben, hat es eigentlich nie gefehlt.

Schon jene Schöpfungs-Untergangs-Geschichte offenbart, daß es *Gott sei Dank* von alters her eine gegenläufige Bewegung gibt. Eine Bewegung, die auf Bewahrung der Schöpfung, *nicht* auf ihre Zerstörung zielt.

Diese düstere Sintflutgeschichte, in der die totale Bedrohung des Ökosystems als Folge menschlichen Frevels gesehen wird, endet mit der Hoffnung im Zeichen des Regenbogens:

»Und Gott sprach: Dies ist das Zeichen des Bundes, den ich zwischen mir und euch und allen Lebewesen, die bei euch sind, auf ewige Zeiten schließen: Meinen Regenbogen stelle

ich in die Wolken . . . « (Genesis, Kap. 9) Ein
Bündnis mit Mensch und Tier gleicherweise.
Und Noah hat dafür gesorgt, daß keine Tier-
gattung mehr zugrunde geht. Paarweise hat
er sie nach der Phantasie der alten Sage mit
in die Arche genommen. Ich finde: Wenn die
katholische Kirche schon soviel Politik mit
Heiligen betreibt, dann sollte sie wenigstens
Noah zum Heiligen der Tierschützer küren!

Diese schützende Gleichstellung von Mensch
und Tier ist in der alten Sage so wichtig, daß
mehrfach betont wird: Der Bund »mit *allen*
lebenden Wesen, die bei euch sind, Vögeln,
Vieh und allem Wild des Feldes . . . « (Genesis, Kap. 9).

Ähnlich gelten auch die Friedensvisionen
der alten Propheten in Israel Mensch und
Tier gleicherweise.

»Das Werk der Gerechtigkeit wird Friede
sein«, heißt es bei Jesaja. Das Volk soll
endlich »an Orten des Friedens wohnen, in
sicherer Wohnung, an stillen Ruheplätzen«.
Endlich kann man dann »Rind und Esel
überall frei schweifen lassen« (nach Genesis,

Kap. 32), aber mehr noch: die Tiere selbst gestalten den Frieden:

»Da wird der Wolf zu Gast sein bei dem Lamm und der Panther bei dem Böckchen lagern, Kalb und Junglöwe weiden beieinander, und ein kleiner Junge leitet sie. Kuh und Bärin werden sich befreunden, und ihre Jungen werden zusammen lagern. Der Löwe wird Stroh fressen wie das Rind.« (Jesaja, Kap. 11).

Gewiß, gerade der letzte Satz macht deutlich: Dieser Prophet hatte offensichtlich auch Humor. Und Konrad Lorenz oder andere Tierpsychologen und auch uns hier wird es schwerlich überzeugen, solange wir diese Sätze etwa wörtlich nehmen sollen. Aber mir scheint hier etwas ganz anderes entscheidend zu sein, genau wie schon in der Sintflut-Geschichte: die gewisse Gleichberechtigung von Mensch und Tier, der gleiche Schutz für alle Lebewesen. Das Leid, das wir den Tieren zufügen, entspricht dem Leid, das wir uns selbst zufügen. Unsere Gefühllosigkeit und Verrohung gegenüber von uns als minderwertig eingestuften Lebewesen hat uns selbst abgestumpft, unsensibel, kalt und phantasiearm gemacht. Die Indianer sagen: »Was ist der Mensch ohne die Tiere? Wären alle Tiere fort, so stürbe der Mensch an großer Einsamkeit des Geistes. Was immer den Tieren geschieht – geschieht bald auch den Menschen. Alle Dinge sind miteinander verbunden.«

Kein Zweifel: ein Prophet wie Jesaja steht jedem Dünkel und Größenwahn des Menschen entgegen, der mit der Erde und ihren Lebewesen umgeht, als wäre da noch eine zweite. Der alte Glaubenssatz Israels, auf dem auch Jesaja fußt, heißt: »Die Erde gehört Gott.« »Der Mensch ist nur ihr Mieter.«

Privateigentum an Grund und Boden ist von daher absurd und unerlaubt. Wie sagen es die Indianer später: »Die Erde ist unsere Mutter, seine Mutter verkauft man nicht ... Der weiße Mann, vorübergehend im Besitz der Macht, glaubt, er sei schon Gott – dem die Erde gehört. Wie kann ein Mensch seine Mutter besitzen?« Der Indianerhäuptling Sitting Bull zeichnete 1866 bereits prophetisch die Folgen von Raubbau, Wohlstands-

müll, Überdüngung, Versteppung und Zerstörung der Erde:

»Sie beschmutzen unsere Mutter (die Erde)
mit ihren Gebäuden und ihrem Abfall. Sie
zwingen unsere Mutter, zur Unzeit zur gebären. Und wenn sie keine Frucht mehr trägt,
geben sie ihr Medizin, damit sie aufs neue
gebären soll. Was sie tun, ist nicht heilig.«

Schmohalla, der legendäre Medizinmann des
Wamapum-Stammes und einer der bedeu-
tendsten religiösen Führer der nordamerika-
nischen Indianer, beschwor voll Zärtlichkeit
und Liebe die Einstellung seiner Landsleute
zur gottgegebenen Natur:

»Wir nehmen die Gaben, die uns die Mutter Natur schenkt. Wir verletzen die Erde
nicht mehr, als der Finger des Säuglings die
Brust seiner Mutter verletzt. Der weiße
Mann aber reißt riesige Flächen des Bodens
auf, zieht tiefe Gräben, holzt Wälder ab und
verändert das ganze Gesicht der Erde. Jeder
aufrichtige Mensch weiß in seinem Herzen,
daß das gegen die Gesetze des großen Geistes verstößt. Aber die Weißen sind so hab-

gierig, daß sie sich darüber keine Gedanken machen.«

Dieses Prinzip der Raffgier von Großgrundbesitzern und anderen Kapitalisten greift auch der Prophet Jesaja an: »Weh denen, die Haus an Haus reihen und Acker an Acker rücken, bis kein Platz mehr ist und ihr Alleinbesitzer seid mitten im Land.«

Es gibt trotz aller Unterschiede einen tiefen Zusammenhang zwischen der Zerstückelung von Land, von Tieren und schließlich von Menschen!

Wer wirklich im Einklang mit der Schöpfung lebt, ist von Profitgier und ihren blutigen Auswirkungen befreit. Der kann wie Jesus über Konsum- und Prunksucht spotten: »Warum sorgt ihr euch um die Kleidung? Seht die Lilien auf dem Felde ... auch Salomo in all seiner Pracht war nicht so gekleidet wie eine von ihnen.«

Wenn wir die oft blutige Spur der Christen durch 2 000 Jahre verfolgen, müssen wir feststellen: Sie kümmerten sich mehrheitlich einen Dreck um das, was Jesaja oder Jesus sagten. Wir stehen vielmehr heute vor den »gnadenlosen Folgen des Christentums«, wie Carl Amery es in seinem Buch »Die Vorsehung« nannte. Ferne Kontinente und Kulturen wurden erobert und unterjocht und nicht erkannt und entdeckt, Menschen versklavt, Bodenschätze ausgebeutet und geplündert, Wälder vernichtet, Flüsse und Luft vergiftet. Jetzt ist die Erde, der Rhythmus unseres Lebens bis zur Unkenntlichkeit entstellt, erschöpft und kurz vor dem Koma. »Was hat ein Mensch davon, wenn er die ganze Welt gewinnt, aber sein eigentliches Leben verliert? Dann werden zuletzt die Überlebenden die Toten beneiden!«

Nur Minderheiten, Deklassierte und Außenseiter folgten Jesus von Nazareth wirklich nach.

Es hat immer diese gegenläufige Traditionslinie gegeben, Christen, die sich in der Nachfolge Jesu als Arme für Arme, als Minderheit für Minderheiten eingesetzt haben. Besonders in den Ländern der Dritten Welt steht die »Kirche der Armen« an der Seite der Ausgebeuteten und Unterdrückten – oft im scharfen Gegensatz zur Amtskirche und zum Papst.

Wie einst Franz von Assisi, der in abgewetzter Kleidung, schmutzig und als Bettler vor dem Papst erschien, um für seine Leute, die »minderen Brüder«, den päpstlichen Segen zu erhalten, in der Nachfolge Christi ohne festen Wohnsitz von der Hand in den Mund leben zu dürfen. Nach der Überlieferung kanzelte das kirchliche Oberhaupt den später Heiliggesprochenen und damit Entmündigten erst einmal ab: »Sicher findest Du ein paar Schweine, Bruder, die Dich in ihren Stall aufnehmen. Ihnen magst Du predigen, und vielleicht nehmen sie Deine Regeln an.«

Er tat es auf seine Art: Bekanntlich predigte Franz von Assisi allen Lebewesen gleichermaßen, Mensch wie Tier, und lobpreiste sie.

Von ihm stammt der berühmte »Sonnengesang«, der den Vorstellungen der alten Israeliten oder auch der Indianer so nahe kommt, seine Hymne an die Schöpfung:

»Gelobt seist Du,
durch Bruder Wind und die Luft,
durch wolkig und heiter und jegliches
                                    Wetter,
durch das Du Deinen Geschöpfen
Gedeihen gibst.

Gelobt seist Du,
durch Schwester Wasser;
gar nützlich ist sie
und demütig und köstlich keusch.

Gelobt seist Du,
durch Bruder Feuer,
durch den Du die Nacht uns erleuchtest,
und schön ist er und fröhlich . . .

Gelobt seist Du,
durch unsere Schwester
Mutter Erde,
die uns ernährt und erhält,
vielfältige Frucht trägt
und bunte Blumen und Kräuter.

Gelobt seist Du,
durch jene, die aus Leibe zu Dir vergeben,
und Schwäche tragen und Trübsal.
Selig, die harren in Frieden . . .

Gelobt seist Du,
für unsern Bruder, den leiblichen Tod;
ihm kann kein Mensch lebendig entrinnen.«

Natürlich reicht's nicht, sich an einem solchen Gesang zu erbauen – oder an Haydns
Schöpfung! – »Bruder Wind« heute preisen,
heißt gleichzeitig, gegen Luftverschmutzung
angehen. Und die »Schwester Wasser« verlangt unseren Einsatz gegen sauren Regen,
gegen verseuchte Flüsse. So richtig ökolo-
gisch aufgewacht sind viele Christen – ähnlich wie andere Menschen – wohl erst in den
letzten zehn Jahren. Einen besonderen Ein-
schnitt bedeutet da das Jahr 1983. In diesem
Jahr machte die Vollversammlung des Öku-
menischen Rates in Vancouver – ein Ein-
schnitt des Umdenkens des Christentums
und die Chance eines Neubeginns – den Vor-
schlag, »Gerechtigkeit, Frieden und Bewahrung der Schöpfung« zum Thema einer Welt-
versammlung zu Beginn der neunziger Jahre
zu machen. Erstmals waren damit die The-
men des Friedens und der Ökologie untrenn-
bar verbunden, völlig gleichberechtigt und
als unlösliche Einheit verstanden. In der

Bergpredigt heißt es: »Selig sind die Frie-
densstifter!«

Das Vernichtungspotential in beiden Blök-
ken reicht aus, Hiroshima 1,5 Millionen mal
zu wiederholen. Die Nuklearrüstung und die
Vergewaltigung der Natur sind Ausdruck
von Aggressivität, Selbsthaß und Vernich-
tungswut.

Der norwegische Friedensforscher Prof. Galtung hält die Überwindung des christlich-
manichäischen Dualismus für die Vorausset-
zung einer friedfertigen Welt:

»Um den Einsatz der Waffen gegen die andere Seite zu legitimieren, muß man die andere
Seite zuerst verteufeln ... Die schlimmsten
Gesellschaften sind die Industriegesellschaf-
ten, die von Wachstum und besonders von
Rohstoffen, Märkten von außen abhängig
und deswegen expansionistisch sind. Die
schlimmsten Kulturen sind die Kulturen, die
glauben, daß sie die letzte Wahrheit für die
ganze Menschheit und für die ganze Welt
endgültig gefunden haben. Das sind also besonders die Religionen und die Ideologien,

die, wie wir sagen, singulär und universell sind, also der einzig wahre Glaube für die ganze Welt...«

Toleranz ist das Gebot der Stunde. Hineinversetzen in den anderen, auch und gerade in den politischen Gegner, wenn nicht Verständnis, so doch Verstehen. Der Geist der Bergpredigt: »Tuet Gutes denen, die euch hassen! Was ihr von anderen erwartet, das tut ebenso auch ihnen!«

Da, wo es die Selbstgerechten nie erwarteten, wurden *jetzt* Selbstkritik und ein Stück Feindes-Liebe praktiziert. Ein sogenannter Gottloser aus dem »Reich der Finsternis« ward vom Heiligen Geist erleuchtet, und seine Vorleistungen und das öffentliche Eingeständnis von Fehlern und Schwächen wirken auf die Pharisäer der sogenannten Freien Welt *entwaffnend!*

Die große Wirkung und der tiefe Eindruck, die von Anfang an von dem radikalen, revolutionären Text der Bergpredigt ausgegangen sind, haben der offiziellen Kirche und ihren Amtsinhabern nie sehr gefallen. Noch heute geht der theologische Streit darum, wie die entschiedenen sittlichen Forderungen Jesu wohl auszulegen seien. Der Verzicht auf Besitz, Gewalt und die Durchsetzung eigener Rechtsansprüche war bis jetzt Sache der Kirche nicht. Denn wenn es darauf ankam, stand sie zumeist auf der anderen Seite der Barrikade, bei den wirtschaftlich und politisch Mächtigen.

Seien wir Realisten: Fordern wir das Unmögliche! Das heißt: gewöhnen wir uns nicht an das zur Gewohnheit gewordene Unrecht und tägliche Verbrechen an der Schöpfung! Unsere Utopien und Träume von heute müssen die Realitäten von morgen sein, sofern es noch eine Zukunft der Menschheit im nächsten Jahrtausend geben soll!

Ansonsten bewahrheitet sich die Prophezeiung des Indianerhäuptlings Seattle: »Die Gier des Weißen Mannes wird die Erde verschlingen und nichts zurücklassen als eine Wüste.«

Urs Meier

Nachbemerkung

Für eine Sendung in der Reihe der »musikalischen Meditationen« hatte das Schweizer Fernsehen DRS Günter Wallraff eingeladen, zu Joseph Haydns Oratorium »Die Schöpfung« zu sprechen. Die am 2. Oktober 1987 im Züricher Großmünster aufgezeichnete Produktion verbindet ein künstlerisches und ein religiöses Anliegen.

Umgekehrte Schöpfung

Haydns Musik zur Schöpfung ist von einer derart ungetrübten Reinheit, daß sie geradezu als Monument einer großartigen Naivität erscheint – mit der ganzen Ambivalenz dieses Begriffs. Schon Schiller hatte »Die Schöpfung« abgelehnt, weil sie ihm zu naturalistisch und zuwenig von der Abstraktion des Ideals her gestaltet war. »Am Neujahrsabend wurde die ›Schöpfung‹ von Haydn aufgeführt, an der ich aber wenig Freude hatte, weil sie ein charakterloses Mischmasch ist«,

Chorprobe im Großmünster Zürich

Yumi Golay (Sopran) und Armin Brunner

schrieb Schiller am 5. Januar 1801 an Christian Gottfried Körner. Solche Urteile freilich – Schiller war mit seiner Meinung keineswegs allein – taten der Beliebtheit des Oratoriums keinen Abbruch. »Die Schöpfung« ist seit ihrer ersten öffentlichen Aufführung im Wiener Burgtheater am 19. März 1799 ein überaus erfolgreiches Werk. Gerade seine Anschaulichkeit und seine zahlreichen musikalischen Glanznummern haben ihm einen festen Platz im Konzertbetrieb und in den Verlagsprogrammen der Plattenindustrie gesichert.

Die Frage ist allerdings, ob der Schleier der Lieblichkeit, der sich um diese Musik gelegt hat, dem Werk Haydns gerecht werde. Als wir »Die Schöpfung« für eine musikalische Meditation auswählten, taten wir es in der Annahme, Haydns Komposition enthalte eine künstlerische Substanz, die in der verfremdenden Reproduktion wieder deutlicher hervortreten werde. Gerade große klassische Werke lassen ihren Rang oft daran erkennen, daß sie allen möglichen Bearbeitungen, Verfremdungen und Konfrontationen ohne weiteres standhalten, daß sie gewissermaßen ihre Identität als Werk in verschiedenen Gestalten auszudrücken vermögen: Bachs Fugen vertragen die abenteuerlichsten Instrumentierungen und Shakespeares Dramen die jeweils zeitgemäßen Aufführungspraktiken.

Im Fall der Schöpfung von Haydn mußte zunächst rigoros ausgewählt werden. Aus dem zweistündigen Oratorium konnten nur knapp dreißig Minuten Musik in die Sendung Eingang finden. Die Wahl fiel auf Stücke aus dem ersten Teil, der den Schöpfungsvorgang schildert. Der wesentlichere Eingriff aber ist die Reihenfolge, die Armin Brunner, Leiter der Musikredaktion beim schweizerischen Fernsehen, für diese musikalische Meditation kreiert hat: Die Schöpfung beginnt mit dem Chor »Vollendet ist das große Werk« und geht von dort rückwärts bis zur Einleitung, die als instrumentale Darstellung des Chaos die vielleicht kühnste Aussage macht, die einem Haydn mit den musikalischen Ausdrucksmitteln der Hochklassik möglich war. Mit dieser Umdrehung ist schon signalisiert, von welchem Erfahrungshintergrund her wir uns heute den Schöpfungsmythen nähern. Der trügerische Anschein der Lieblichkeit kann nicht mehr

aufkommen, wenn die Musik dem anfängli-
chen Chaos zustrebt und dort in einer irritie-
renden Schwebe abbricht. So hat man Haydn
noch nicht gehört. Aber es ist unzweifelhaft
echter Haydn, was hier erklingt: eine in ihrer
ästhetischen Einfachheit ganz und gar ehr-
liche Musik.

Papa Haydn konnte nur in zähem Kampf
mit sich selbst so etwas wie ein Chaos kom-
ponieren. Man spürt, wie er sich die Disso-
nanzen hat abringen müssen. Das Chaos
aber entpuppt sich in der Logik des umgekehrten Ablaufs nicht als Negativzustand,
sondern als Urgrund des Schöpferischen.
Der kühne Eingriff in die Ordnung des
Werks ist so gesehen nicht nur durch heutige
Erfahrung mit dem Thema gerechtfertigt,
sondern er verdeutlicht gerade durch die
Störung den Zusammenhang zwischen der
Schau des Komponisten und der Ästhetik
seiner Komposition.

Günter Wallraff auf der Kanzel Huldrych Zwinglis

Predigt als Sprachhandlung

Günter Wallraff legt nicht einfach die Texte des Oratoriums oder der dahinterstehenden biblischen Schöpfungserzählung von Genesis 1 aus, sondern die Abschnitte seiner Ansprache, die sich mit den musikalischen Teilen abwechseln, entwickeln eine inhaltliche Linie, die zum Teil mit der Musik kontrastiert, zum Teil sich aber auch wieder an ihrer Aussage entlangbewegt. Im gesamten kann der gesprochene Text durchaus als eine Predigt verstanden werden, auch wenn er sich der konventionellen kirchlichen Formeln nicht bedient.

Günter Wallraff als Prediger? Ganz neu ist das ja nicht, aber für viele doch wohl überraschend. Warum gerade Wallraff? Der Grund, ihn um Texte zur Schöpfung zu bitten, war zunächst der Kontrast: Auf der einen Seite das, was Günter Wallraff als Autor von »Ganz unten« an manifester Mißachtung der Menschenwürde aufgedeckt hat, auf der anderen Seite Haydns überschwenglicher Lobgesang auf die Ehre des Schöpfers, die Erhabenheit der Natur und die Würde des Menschen.

Was eine Predigt ist, scheinen alle zu wissen. Es ist eine Form der Rede, die völlig quer in unserer Zeit liegt. Das Predigen ist aber nicht nur äußerlich unangepaßt an heutige Kommunikationsstile. Es war immer schon etwas zutiefst Fremdes. Predigt ist nach traditioneller christlicher Auffassung Auslegung des Wortes Gottes in die Gegenwart. Die Predigt erhebt den ungeheuerlichen Anspruch, nicht bloß Richtiges und Wahres zu sagen, sondern die Menschen ins Herz zu treffen, die Verhältnisse auf den Grund zu durchschauen. Das Wort Gottes ist in den Zeugnissen der Bibel immer verstanden als die Botschaft der Umkehr. Es wird ihr zugetraut, daß sie falsche Sicherheiten erschüttern und Menschen vor die verändernde, befreiende Wahrheit des Evangeliums stellen kann.

Dieses Verständnis von Predigt setzt zunächst voraus, daß man dem gesprochenen Wort eine große Macht beimißt. Heute kann man in dem Punkt nicht mehr so sicher sein. Sollen wir uns auf die Wirkung von Worten verlassen, oder haben wir realistischerweise mit der Ohnmacht der bloßen Rede zu rechnen? Es gibt Argumente für beides: Worte haben im positiven und negativen Sinn Geschichte gemacht, Sprache wird zur kalkulierten Manipulation eingesetzt, und zugleich kennt jedermann die Machtlosigkeit des bloßen Wortes aus vielfältiger Erfahrung. Wo gepredigt wird, ist jedoch eine Entscheidung gefallen: Die Menschen werden für ansprechbar gehalten; daß Worte Gehör finden, wird nicht ausgeschlossen. Dem Wort wird nicht allein therapeutische, sondern ebenso politische Bedeutung zugesprochen. Dieser erste Sachverhalt ist an sich schon eine Herausforderung in einer Zeit der Informationsflut und der inflationären Entwertung von Kommunikation.

Zur Redegattung Predigt gehört ein Zweites: Ein Mensch wird durch die Aufgabe, Predigerin oder Prediger zu sein, aus der Gesellschaft vorübergehend ausgesondert. So wird er in die Lage versetzt, Du oder Ihr zu sagen, wo er lieber in der Form des Ich und Wir reden würde. Er hat anzuklagen, wo er selbst in die Dinge verwickelt ist. Er soll ausgerechnet dann die Umkehr zum Guten proklamieren, wenn mit der Hoffnung darauf kein Staat zu machen ist. Der Prediger nimmt die Position im Gegenüber ein und exponiert sich mit einer Botschaft, die er als Person niemals beglaubigen kann. Die Größe ihrer Anforderung ist auch durch eine noch so verantwortungsbewußte Haltung nicht zu legitimieren. Das Dilemma des Predigers ist nur zu ertragen im Glauben, daß die radikale Botschaft der Umkehr ihre Rechtfertigung in sich selbst hat, und zwar auf so zwingende Weise, daß der Zwang zur Rechtfertigung der Predigerrolle aufgehoben ist. Die gelungene Predigt macht nämlich von selbst klar, daß sie nötig ist und daß sie eine Aussonderung des Predigers verlangt – nicht zu dessen persönlicher Befriedigung, sondern zur Erfüllung eines eminenten Dienstes an der Gemeinschaft.

Aufklärung als Hoffnung

Wenn Günter Wallraff im Züricher Großmünster zu Haydns Schöpfung redet, begibt er sich in genau diese Situation des Predigers. Es ist keine Pose, die er sich ausgesucht hätte, sondern die Predigtaufgabe stellt sich vom Thema her. Wer sich darauf einläßt, das aufklärerische Schöpfungslob eines Joseph

Haydn nicht nur ästhetisch zu genießen oder historisch zu verstehen, sondern inhaltlich ernstzunehmen, der kann der Konfrontation mit der Gefährdung der Schöpfung nicht ausweichen. In den Jubelchor »Vollendet ist das große Werk« können wir heute nicht mehr ohne Bedenken einstimmen. Er provoziert Nachdenklichkeit: Hat nicht die Hochschätzung des Menschen als »Krone der Schöpfung« die verhängnisvolle Mentalität mit hervorgebracht, die in der Natur nur konsumierbares Material sieht? Solchen Zusammenhängen zu folgen, die Linien zu ziehen von religiösen Wurzeln bis zu heutigen Zuständen, das ist die Aufgabe, die sich für Günter Wallraff konsequenterweise aus der Beschäftigung mit Haydns Werk ergibt.

Doch mit der Analyse ist die Aufgabe noch nicht erfüllt. Die biblischen Schöpfungserzählungen wollen ja auch nicht die bestehende Welt abbilden, sondern sie zeigen eine Schöpfung, die noch immer geschaffen wird – unter Beteiligung des Menschen! Sie formen die Weltsicht des Glaubens als Bild der Hoffnung, als Utopie. Genauso verhält es sich mit dem aufklärerischen Schöpfungspathos eines John Milton, von dem die ursprüngliche Textvorlage des Oratoriums stammt, und mit der ungebrochenen Klassizität der Musiksprache Haydns. Die hochgemute Philosophie des achtzehnten Jahrhunderts sah keineswegs ab von der nicht durchwegs erhebenden Realität ihrer Zeit, sondern sie gab dieser Zeit ein Programm. Es war Haydn klar, daß der Mensch nicht bedingungslos als »mit Würd und Hoheit angetan« gelten konnte und daß die Harmonie der Schöpfung auch damals nicht ungestört war. Seine Musik setzt sich damit auseinander, indem sie ein Verständnis von Schöpfung entwirft, das eine noch unerfüllte Bestimmung von Welt und Mensch zum Ausdruck bringt. Diese höhere Bestimmung ist nicht ohne weiteres klar, sondern muß den Menschen im Kunstwerk nahegebracht werden. Der didaktische Charakter des Oratoriums erklärt sich aus seinem aufklärerischen Anliegen.

Dieses Verständnis von Schöpfung war übrigens schon zu Haydns Zeit Anlaß einer Kontroverse. Das Prager Konsistorium verbot die Aufführung des Oratoriums in der Kirche eines böhmischen Städtchens, weil der Text des Werkes dem klerikalen Ver-

Armin Brunner und Günter Wallraff nach der Aufführung

ständnis der Schöpfungs- und vor allem der Sündenlehre widersprach. Der aufklärerische Optimismus für das Kreatürliche drohte der kirchlichen Einschüchterung den Boden zu entziehen. Wort und Musik der Schöpfung proklamierten den Sieg des Lichtes über das Dunkel, malten das Bild einer hellen, vernünftigen Welt. Die Kleriker erkannten durchaus richtig, daß ein solches Schöpfungsverständnis die Wurzeln ihrer Macht anzugreifen drohte. Der sonst so dienstfertige Haydn reagierte auf den Affront des Prager Konsistoriums übrigens erstaunlich selbstbewußt. In einem Brief vom 24. Juli 1801 an den Initianten der doch noch zustande gekommenen Aufführung schreibt er: »Seit jeher wurde die Schöpfung als das erhabenste, als das am meisten Ehrfurcht einflößende Bild für den Menschen angesehen. Dieses große Werk mit einer ihm angemessenen Musik zu begleiten, konnte sicher keine anderen Folgen haben, als diese heiligen Empfindungen in dem Herzen des Menschen zu erhöhen, und ihn in eine höchst empfindsame Lage für die Güte und Allmacht des Schöpfers hinzustimmen. – Und diese Erregung heiligster Gefühle sollte Ent-

weihung der Kirche sein?« Und mit Blick auf
das Konsistorium fügt er an, es sei » . . . nicht
unwahrscheinlich (. . .), daß die Menschen
mit weit gerührterem Herzen aus meinem
Oratorio als aus seinen Predigten herausge-
hen dürften«.

Auch Günter Wallraff ist ein Aufklärer.
Es geht ihm nicht nur um journalistische
Enthüllungen. Die Frage, was denn die Bestimmung der Welt und der Menschen sei,
beschäftigt ihn nicht weniger als die Aufdek-
kung verdeckten Unrechts. So macht er sich
auf die Suche nach der zerbrochenen Einheit
von Mensch und Natur, fahndet nach Spuren
von heilenden Gegenkräften und hält die
flüchtigen Zeichen der Hoffnung fest. Seine Auseinandersetzung mit zerstörerischen
Glaubenshaltungen und seine Parteinahme
für den Glauben eines Jesaja, eines Jesus
von Nazareth, eines Franz von Assisi und
für indianische Glaubensüberlieferungen
kommt vielleicht weniger aus einem religiösen als aus einem aufklärerischen Impuls.
Allerdings, so ganz sicher bin ich mir in dieser Beurteilung nicht, und ich will es auch
gar nicht so genau wissen.

Auf Zwinglis Kanzel

Wie auch immer: Günter Wallraff steigt auf die Kanzel Huldrych Zwinglis, des Züricher Reformators. Was beide zweifellos gemeinsam haben, ist die Leidenschaft für Gerechtigkeit. Sodann kann man bei dem vom Humanismus geprägten Zwingli ein Vertrauen in die Vernunft feststellen, wie es etwa Luther keineswegs kannte. Zwinglis Reformation ist von erstaunlicher theologischer und politischer Rationalität. Die Nüchternheit der reformierten Richtung des Protestantismus zeugt davon, daß diese Tradition seither nicht mehr verlassen wurde. – Mit solchen Feststellungen erkläre ich mir mein Gefühl, Wallraff sei auf der Großmünsterkanzel alles andere als fehl am Platz. Zwar ist er nicht in der Kirche zu Hause, in der zwinglianischen durch seine Herkunft schon gar nicht. Doch was Günter Wallraff zu Haydns Schöpfung sagt, ist nicht allein auf vernünftige Einsicht zurückzuführen, sondern hat Anteil an der Evidenz des Evangeliums. Das schon oft von außen in die Kirche hineingeredet hat.

Die Meditation zur Schöpfung hat unzweifelhaft die beiden Kennzeichen, die ich als
Grundzüge der Predigt genannt habe. Günter Wallraff vertraut auf die Kraft des Wortes,
und er stellt sich der Aufgabe, das zu sagen,
was einen Redner aufs äußerste fordert und
angreifbar macht: daß wir verkehrt leben
und umkehren müssen. Statt nach der Legi-
timation des Sprechers zu fragen, überlegen
wir uns besser, was seine Botschaft uns an-
geht. Denen aber, die von der Tatsache in Be-
schlag genommen sind, daß dieser Prediger
sich in unsere Kirchlichkeit nicht einordnet,
sei mit Zwingli geantwortet. Der Züricher
Reformator formulierte als ersten seiner 67
Artikel für die Erste Zürcher Disputation
vom 29. Januar 1523: »Alle, die sagen, das
Evangelium gelte nichts ohne die Bestäti-
gung der Kirche, irren und schmähen Gott.«

Und macht euch die Erde untertan ...
Eine Widerrede

Eine Andacht mit Günter Wallraff
Musik: Teile aus »Die Schöpfung« von Joseph
Haydn

Solisten: Yumi Golay (Sopran), Frieder Lang
(Tenor), Thomas Thomaschke (Baß)

Chor des Fernsehens DRS
Deutsche Kammerphilharmonie Frankfurt

Musikalische Leitung: Armin Brunner
Regie: Adrian Marthaler
Redaktion: Armin Brunner, Erwin Koller,
Urs Meier, Alfred Mensak

Eine Gemeinschaftsproduktion der Redaktio-
nen Musik & Ballett sowie Gesellschaft & Religion des Fernsehens DRS zusammen mit Radio
Bremen (ARD)

Aufzeichnung am 2. und 3. Oktober 1987 im
Großmünster Zürich

Erstausstrahlung: Sonntag, 15. November 1987,
10 bis 11 Uhr im Schweizer Fernsehen DRS

Ausstrahlungen in den 3. Programmen der
ARD-Nordkette: Sonntag, 3. Januar 1988

Ausstrahlung im ARD-Gemeinschafts-
programm: Frühjahr 1988

Günter Wallraff

Predigt von unten

gehalten in
der Johanniskirche
Hannover-Wettbergen
am 1. Januar 1986

Liebe Freunde, liebe Christen, liebe Gäste,

es gibt eine alte Tendenz, Gott *ganz oben* anzusiedeln: von den Hofpredigern König Davids über Friedrich Wilhelm bis zu den Helmuts von heute. Da singt man mit Vorliebe »Lobe den Herrn, der alles so herrlich regieret« oder »Großer Gott wir loben dich, Herr, wir preisen Deine Stärke«. Von da aus ist es dann oft nur noch ein kleiner Schritt zur eigenen »Politik der Stärke«. Und wenn dann solche Lieder vom »Herrn der Heerscharen« noch mit dem Ruf »Helm ab zum Gebet!« beim Zapfenstreich ertönen, dann kriegen die irdischen Herrn auch schon mal feuchte Augen.

Daneben – nein: dagegen – gibt es den uralten Versuch, Gott *ganz unten* zu suchen und zu finden.

Das beginnt mit der Geschichte vom Auszug der unterdrückten Hebräer aus der ägyptischen Sklaverei und ist mit der »Theologie der Befreiung« und der Praxis christlicher Basisgemeinden noch längst nicht zu Ende.

Gott *ganz unten,* das ist – richtig verstanden – auch der Kern der Weihnachtsbotschaft, die freilich in dän letzten Tagen vor dem Fest – wie alle Jahre wieder – in der Schnulze »vom blonden Knaben im lockigen Haar« unterzugehen droht. Doch betrachten wir die nichtretuschierte Geschichte von der Krippe, von der zugigen Notunterkunft in Bethlehem. Da wird Jesus zwischen Ochs und Esel auf die kalte Erde geworfen. Die »Hirten auf dem Felde« bekommen als erste die frohe Botschaft – die »kleinen Leute«, wie sie von den sogenannten Großen herablassend genannt werden. Und bei diesen »kleinen Leuten« ist Jesus konsequent sein Leben lang geblieben, bis dahin, als man seine Stimme zu ersticken suchte: am Kreuz auf Golgatha, dem Ort, der bekanntlich die Müll-kippe Jerusalems war – *draußen vor der Stadt.*

Im Christus-Bekenntnis, das Paulus im Philipperbrief zitiert, heißt es: »Er entäußerte sich selbst und nahm die Gestalt eines Skla-

ven an . . . « – nicht als vorübergehende Ver-
kleidung, sondern mit vollständiger, lebens-
langer Identifizierung, ohne irgendein Zurück zu den Privilegien einer sogenannten
gesicherten Existenz! Jesus blieb lebenslang
ohne Besitz und Sicherheit bei denen *ganz
unten*.

Kommen wir zurück zu der Geschichte vom
Auszug der Hebräer aus Ägypten, zum *Exodus*. Als wesentlicher Grund für den Exodus
wird die unerträgliche *Arbeitsplatzsituation*
in einem wirtschaftlich blühenden Land
angeführt. Der Pharao erscheint als erfolg-
reicher Wirtschaftspolitiker, der in den fetten
Jahren durch den Bau riesiger Vorratsspei-
cher für die mageren Jahre Vorsorge trifft.

Arbeit gibt es genug, auch für Gastarbeiter,
die in Notzeiten nach Ägypten strömen. Sie
nehmen schlechte Löhne und Mißhandlun-
gen in Kauf, um zu überleben.

Zu diesen Gastarbeitern gehören auch Vor-
fahren des späteren Israel. Hebräer werden
sie genannt, übrigens nicht nur sie, sondern
auch Fremdarbeiter aus allen anderen Län-

dern. Hebräer ist ursprünglich eine Art Schimpfwort, das klang so ähnlich wie *Pack, Gesindel, Gesocks.* Es betraf Menschen, die weniger Rechte hatten als die einheimischen, speziell Ausländer, *Untermenschen, Kanaken,* wie manche bei uns sagen.

Solche Hebräer – wird uns erzählt – wollen eines Tages ein religiöses Fest feiern: Sonderurlaub also. Der Pharao reagiert darauf äußerst scharf.

Ich lese Ihnen das wörtlich aus dem Buch »Exodus«, dem »zweiten Buch Mose« vor: Es »... *befahl der Pharao den ägyptischen Aufsehern und den israelitischen Vorarbeitern: ›Liefert dem Volk kein Stroh mehr zur Herstellung der Ziegelsteine. Sie sollen es sich selbst suchen! Aber die Anzahl der Ziegelsteine, die täglich abzuliefern sind, muß dieselbe bleiben. Ihr dürft sie nicht verringern; denn die Israeliten sind faul, und nur deswegen schreien sie: 'Wir wollen gehen und unserem Gott Opfer bringen.' Die Leute müssen mehr Arbeit haben. Dann sind sie beschäftigt und werden nicht auf verführerische Reden hören.‹ Die Aufseher und Vorarbeiter gingen hin und gaben den Befehl an die Bevölkerung weiter ...*

So suchte das Volk im ganzen Land Ägypten Stroh zusammen. Die ägyptischen Aufseher trieben die Leute an: ›Ihr müßt genauso viel Ziegel herstellen wie früher, als euch noch Stroh geliefert wurde!‹ Zu den Vorarbeitern, die sie über die Israeliten eingesetzt hatten, sagten sie: ›Warum habt ihr heute nicht die vorgeschriebene Anzahl abgeliefert?‹ Und sie schlugen sie.

Da beschwerten sich die Vorarbeiter der Israeliten beim Pharao: ›Warum tust du uns das an? Man hat unseren Leuten kein Stroh geliefert, und doch sollen sie Ziegel herstellen. Sogar geschlagen hat man uns. Aber die Schuld liegt bei deinen eigenen Leuten!‹ Der Pharao antwortete: ›Faul seid ihr, ganz einfach faul. Deswegen wollt ihr auch, daß ich euch gehen lasse, um dem Herrn Opfer zu bringen. Macht, daß ihr wieder an eure Arbeit kommt! Stroh bekommt ihr nicht; aber die vorgeschriebene Anzahl Ziegel wird abgeliefert!‹

Da sahen sie, daß es keinen Ausweg gab; die Israeliten mußten die gleiche Menge Ziegel fertigstellen wie bisher.«

Eine sehr plastische Beschreibung dessen, was wir heute als »Akkordhetze« (mit all ihren schlimmen Folgen) kennen; und eine offen sozialkritische dazu. (Fast möchte ich sagen: Das hat ein ganz frühes Vorbild von mir geschrieben!)

Was hier geschildert wird, erleben Millionen Billiglohn-Arbeiter in der sogenannten Dritten Welt tagtäglich, in abgeschwächter Form aber auch bei uns. Und wenn dagegen protestiert wird, kommen von oben stets die alten Argumente: »Denen geht es zu gut, die sind nur zu faul«, oder bei uns: »Soll'n die doch zurück in ihre Heimatländer.«

Sie wissen, wie die alte Geschichte weitergeht: Durch göttliche Initiative werden die Hebräer aus ihrer unerträglichen Arbeitssituation im Land Ägypten herausgeholt. Dies gilt als das befreiende Urerlebnis, und hier wird Gott als Befreier entdeckt: nicht im Tempel Pharaos, nicht dort, wo die religiösen Diskussionen der Privilegierten stattfinden, sondern am Arbeitsplatz derer, die *ganz unten* malochen. – Übrigens ist »malochen« ein hebräisches Wort und bedeutet soviel wie: niedere Arbeiten verrichten, schuften.

Dieser überlieferte Bericht vom »Exodus« gehört zum Herzstück auch heutiger »Theologie der Befreiung«, die man besonders in Lateinamerika und Südafrika zu praktizieren versucht. Viele Dritte-Welt-Gruppen bei uns unterstützen das, aber die Menschen in der Dritten Welt erwarten von uns noch etwas ganz anderes. Darauf hat mich jetzt nach Erscheinen meines Buches die Regionalgruppe München der katholischen Initiative »Kirche von unten« aufmerksam gemacht. Sie schreiben, ich hätte hier in der Bundesrepublik etwas von dem getan, was man in Lateinamerika von uns erwartet. Und sie zitieren den brasilianischen Kardinal Lorscheider: »Habt ihr in Deutschland keine Unterdrückten? Ihr müßt anfangen, denen bei der Befreiung beizustehen, die bei euch unterdrückt sind. Wenn ihr die Befreiung bei euch erfahrt, dann könnt ihr uns damit die beste Solidarität erweisen.«

Meine Arbeit wird durch die Initiative »Kirche von unten« in den Zusammenhang der »Theologie« und vor allem der »Praxis der Befreiung« gestellt. Ich bin damit gern einverstanden. Das kann übrigens nur diejenigen wundern, die meine Demaskierung katholischer Pfarrer in meinem Buch als Absage an die Kirche schlechthin mißverstanden haben. Ich habe in beiden Kirchen soziales Engagement erfahren, das ich respektabel finde: die langjährige Industriearbeit des evangelischen Pfarrers Symanowski und vieler, die es ihm gleichgetan haben; dann die Arbeit katholischer Arbeiterpriester in vielen Ländern der Welt – um nur zwei Beispiele zu nennen. Diese Arbeit ist ja leider in vielem von der Amtskirche behindert, zum Teil sogar verhindert worden; von einer Kirche, bei der allzusehr der Hierarchie-Kult im Vordergrund steht.

Und man hat immer wieder den Eindruck: Da wo Gott autonom gesetzt wird, ins Jenseits verbannt wird, da wo er vergötzt wird, dort kommen die Belange des Menschen zu kurz. Ich wünsche mir dann stets, daß man Christus von dort zurückholt – wenn er schon nicht von selbst kommt – und ihn wiederentdeckt als einen Menschen wie du und ich, nur eben als einen der radikalsten, der seinen Weg zu Ende gegangen ist, keinerlei Kompromisse einging und die Konventionen seiner Zeit sprengte, und zwar nicht im jenseitigen, sondern sehr diesseitigen Sinne.

Was mich mit all diesen Christen verbindet, ist das, was man in der religiösen Sprache ganz schlicht »Nachfolge Christi« nennt. Ich habe das in meinem jüngsten Buch in der Gestalt des Ali so ausgedrückt: »Ich finde Leben und Werk Christi überzeugend!« Deshalb habe ich dem kirchenkritischen Kapitel dieses Buches auch mit voller Absicht und Überzeugung einen Satz Jesu Christi aus dem Matthäus-Evangelium vorangestellt, in dem es an entscheidender Stelle um Fremde und Obdachlose geht. Da sagt Christus: »Ich war fremd und obdachlos, und ihr habt mich aufgenommen. Wahrlich ich sage euch: Was ihr einem unter den geringsten meiner Brüder getan habt, das habt ihr mir getan.« Dieser Satz ist leider oft im Sinne einer puren Aufforderung zur Mildtätigkeit mißverstanden worden.

Der von der Amtskirche disziplinierte katholische Theologe Adolf Holl hat in seinem Buch »Jesus in schlechter Gesellschaft« wohl treffender noch ausgedrückt, worauf es Jesus Christus damals ankam: »Das Lied, das Jesus den Armen gesungen hat, kam *nicht von oben,* wo das Brot verteilt wird. Jesus hat eine bevorzugende Neigung für die Armen, die Ausgestoßenen. Er nimmt also Partei, schlägt sich auf eine sehr bestimmte Seite, sicher nicht die der Herren. Mit diesem *Zug nach unten* zu den Armen und Verachteten, zu den ›marginales‹ (wie man sie in Südamerika nennt), wird Jesus selber zu einer Randperson, zu einem *marginal man*.«

Nicht Mildtätigkeit von oben, sondern Identifizierung und praktische Solidarität führen zu wirklichen Befreiungserfahrungen. Solche Erfahrungen – darüber freue ich mich, dafür bin ich dankbar – sind offensichtlich auch durch meine Arbeit und mein Buch ausgelöst worden. Das zeigen mir an die 100 Briefe, die ich täglich bekomme, aber auch verstärkte Kontakte zu meinen früheren Arbeitskollegen.

»Tue deinen Mund auf für die Stummen« – heißt es in einer in den Kirchen oft zitierten Aufforderung aus den »Sprüchen Salomonis«. Auf unsere Zeit bezogen: Diejenigen, die am meisten zu sagen hätten, haben bei uns nichts zu sagen – ihnen muß man zum Sprechen verhelfen und Gehör verschaffen.

Auf Dauer am wichtigsten ist jedoch, daß die Stummen selbst zu reden beginnen, entsprechend dem, was Jesus als tatsächliche Konsequenz der Verheißungen des Evangeliums ansah – und zwar nicht im wundergläubigen, vielmehr im sehr praktischen, sozialen Sinn: »Blinde sehen, Lahme gehen, Aussätzige werden rein, Taube hören.«

In diesem Sinne hat es mich ganz besonders gefreut, daß bislang eingeschüchterte türkische Kollegen jetzt anfangen, offen über ihre Probleme zu reden, Beschwerde zu führen, Anklage zu erheben, daß sie vor die Kameras treten. Auf den Veranstaltungen, die ich fast täglich mache, kommen sie ans Mikrofon; sie haben keine Angst mehr und reden über ihre Situation, auch wenn sie »Illegale« sind, und wissen: Es gibt den Schutz einer »schweigenden Mehrheit.« Auch bei Behörden findet man bisweilen so etwas wie soziale Phantasie, aus Bürokraten können Menschen werden.

Ich habe es zuletzt auf einer Veranstaltung in Tübingen erlebt, zu der sich mehr als 2 500 Studenten versammelt hatten, daß 80 Pro-

zent direkt Betroffene an das Mikrofon tra-
ten – vornehmlich Ausländer, Leiharbeiter,
auch »Illegale« darunter – und zunächst
stammelnd, dann immer befreiter über ihre
Lebens- und Arbeitssituation sprachen und
dabei getragen wurden von der Stimmung
der Studenten. Ein junger Türke war darunter, der sagte, zum ersten Mal habe er den
Mut, offen zu bekennen, daß er türkischer
Nationalität sei, er habe sich bis dahin immer
dafür geschämt.

Daß diese neue Verständigung zustande
kommt, daß das Gewissen einer Nation sozusagen wachgerüttelt werden kann und daß
die Minderheit, die Hasser mit ihren Türken-
Witzen, welche oft den Juden-Witzen ent-
lehnt sind, zur Zeit etwas beschämt ist, sich in
die Ecke gestellt sieht, das ist – so glaube ich –
ein guter Anfang. Aber dabei darf es nicht
bleiben!

Vergessen wir jedoch nicht: am Arbeitsplatz
selbst muß sich Grundsätzliches ändern, wie
damals in Ägypten, so heute hier bei uns. Ich
freue mich darüber, daß zur Zeit verstärkt
gegen illegale Leiharbeit vorgegangen wird,

daß Gesetzesinitiativen in Gang kommen, daß Gewerkschafter aktiver werden. Eigentlich müßte ja der Protest gegen illegale Unternehmenspraktiken, gegen Hungerlöhne für Ausländer, gegen die Herrschaft des Geldes und des Kapitals Herzstück auch – und gerade! – kirchlicher Arbeit sein. Aber davon ist leider – wenn ich das richtig sehe – nur wenig zu spüren. Ich würde mich freuen, wenn meine Arbeit und mein Buch für diejenigen Verstärkung bedeuten würden, die in Industrie-Pfarrämtern, Schulen und Gemeinden näher an jene Basis herankommen wollen, die wirklich *ganz unten* ist.

Den Mund auftun für die Stummen hilft allein aber noch nicht, auch nicht das Reden der ehemals Stummen selbst. Praktische Schritte müssen folgen, nicht nur einige kosmetische Verbesserungen schlechter Verhältnisse. Der alte Spruch vom »Mund auftun für die Stummen« endete mit der Aufforderung: »Schaffe Recht dem Elenden und Armen!«

Gerechte Verhältnisse schaffen – darum geht es! In der Geschichte vom »Exodus« war man zu der Erkenntnis gekommen, daß die Situation im Pyramidenstaat des Pharao nicht mehr zu verbessern war, daß man aus diesen Verhältnissen ganz heraus mußte. Eine Herausforderung auch an uns, uns nicht mit Vertröstungen und Reformen auf dem Papier abfinden und abspeisen zu lassen. Recht schaffen, ist eine radikale Sache.

Wir dürfen uns nicht verlassen auf die Behörden, auf den Staat, auf unsere Politiker, wir müssen bei uns selbst anfangen, jeder in seiner Nachbarschaft, am Arbeitsplatz. Wir müssen auf den ausländischen Kollegen zugehen, der durch Sprachbarrieren gehemmt ist, verunsichert ist, in Isolation, einem Ghetto-Dasein sich befindet.

Jeder einzelne ist gefordert, die ersten Schritte zu tun, bei sich zu überprüfen: Wo gibt es Freundschaft mit Ausländern, wo kann man sich näherkommen, wo sich kennenlernen? Dies nicht etwa aus einer Haltung der Barmherzigkeit und Mildtätigkeit, sondern vielmehr auch aus einem ganz egoistischen Prinzip heraus: Man bereichert sein eigenes Leben, wenn man fremde Kulturen kennenlernt. Man kann auch erfahren, was sie der eigenen Kultur manchmal voraus haben, was sie einem geben können.

Gerade in letzter Zeit stellen sich verstärkt auch aktive Christen Ausländern zur Verfügung, die Schwierigkeiten mit Behörden haben, die ausgewiesen werden sollen. Man erlebt hierbei immer wieder, daß Behördenvertreter oft viel vorsichtiger werden, falls Deutsche – besonders wenn sie Amt und Ansehen haben – Ausländer zu Behörden begleiten.

Drohende Ausweisungen – das Ausländerrecht ist oft ein Gnadenrecht, kann so oder so ausgelegt werden! – können so doch noch verhindert werden, Behördenvertreter dahingehend beeinflußt werden, sich an die bestehenden Gesetze zu halten oder sie sogar unter menschlichen Gesichtspunkten anzuwenden.

Wir haben das im Ruhrgebiet zuletzt häufiger erlebt, daß Gewerkschaftsfunktionäre aktiv wurden, daß Ausweisungen abgewendet werden konnten, daß Wohnungen geschaffen wurden, daß sogar in einzelnen Fällen Festeinstellungen erfolgen konnten.

Ich war vor kurzem mit einer Gruppe in Stuttgart – auch protestantische Christen dabei – beim Ausländeramt. Wir haben ein freundliches, vorweihnachtliches Go-in gemacht, haben den Leiter des Ausländeramtes zur Rede gestellt. Es ging um fünf Familien, die von der Ausweisung bedroht waren. Wir haben es leider nur in einem Fall geschafft, eine Ausweisung abzuwehren: ein sehr drastischer Fall, bei dem eine akute Selbstmordgefährdung eines Kindes vorlag – das Mädchen ging hier zur Schule, eine sehr gute Schülerin, eine Türkin; sie sprach kaum noch Türkisch, wie man es oft erlebt. Sie weigerte sich absolut, mit ihren Eltern zwangsweise in dieses fremde Heimatland abgeschoben zu werden. In diesem Falle konnte die Ausweisung verhindert werden. In zwei anderen Fällen konnte sie wenigstens bis zum Frühjahr aufgeschoben werden und mußte nicht jetzt in der kalten Jahreszeit erfolgen.

Es gibt in einzelnen Städten Initiativen der protestantischen Kirche, die – wie ich finde –

nachahmenswert sind: Wenn es sich um drastische Härtefälle handelt, wo Menschenleben unter Umständen in Gefahr sind, auch bei Asyl Suchenden, die aus politischen Gründen dann doch nicht anerkannt werden und denen Folter und Verfolgung drohen in ihren Heimatländern, in solchen Fällen versteckt man diese Menschen; diejenigen, die es sich leisten können, brechen formales Recht bewußt, um Menschenrechte durchzusetzen. Denn das Recht – zu Ende gedacht – ist immer auf seiten der Opfer, ist auf seiten der Schwächeren und ist nicht nur das, was auf dem Papier steht. Die Durchsetzung von Menschenrechten kann oft nur durch bewußtes Brechen und Verletzen formaler Rechte und Polizeiverordnungen erfolgen.

Ich möchte einen Auszug aus einem der vielen Briefe, die ich täglich bekomme, vorstellen, weil es ein ganz typischer, ein normaler Fall ist. Ein türkischer Arbeiter hier aus der weiteren Umgebung schreibt: »Wir arbeiten in einer Firma, deren Arbeitnehmer fast ausschließlich aus ausländischen Arbeitnehmern – davon der größte Teil aus der Türkei – bestehen. Von diesen haben zwanzig Prozent eine Arbeitserlaubnis, und deren Verdienst beträgt sieben bis zehn Mark pro Stunde. Die anderen 80 Prozent werden von der Firma schwarz beschäftigt und bekommen als Stundenlohn zwischen fünf und sieben Mark. Obwohl wir Mitglied der Gewerkschaft sind und hier unsere Interessen geäußert haben, ist von seiten der Gewerkschaft noch nichts gegenüber der Firma unternommen worden. Da sowohl die Polizei, das Arbeitsamt als auch die Gewerkschaft weiß, daß bei dieser Firma Schwarzarbeiter beschäftigt werden, geschieht nichts. Da wir gerne unsere Situation an die Öffentlichkeit bringen wollen, fragen wir dich, ob du uns in dieser Angelegenheit helfen kannst?«

Er schlägt vor, daß ich mich noch einmal kurzfristig dort in die Rolle eines Ausländers begebe, um von innen her ihre Lage zu erleben. Vielleicht kann das aber auch einmal ein anderer tun. Ich erhebe keinen Alleinvertretungsanspruch, und das ist eine Methode der Teilnahme, der Herstellung von Betroffenheit, die auch viele andere übernehmen können.

Ich will eine weitere typische Reaktion aber auch noch mitteilen: Ich bekomme selbst nur wenige Drohbriefe, ich kann sagen: eins zu hundert. Nun gibt es zwar auch Briefe an das »Türkenschwein Günter Wallraff«, es gibt jedoch viele Briefe an einen mir bekannten engagierten Gewerkschafter, der gerade in letzter Zeit Ausweisungen verhindert, Fest-einstellungen in Duisburg durchgesetzt hat. Dieser bekommt außerdem zu jeder Tages- und Nachtzeit anonyme Anrufe.

In diesem Fall nun hat sich eine junge tür-kische Arbeiterin mit einem Leserbrief an die Westdeutsche Allgemeine Zeitung ge-wandt und geschrieben: »Ich lebe nun 15 Jahre in Deutschland, in dieser Zeit ist Deutschland meine Heimat geworden. Ich habe viele deutsche Freunde, die mich als Türkin genauso achten wie ich sie als Deut-sche, aber immer wieder werde ich mit Men-schen konfrontiert, die mir Verachtung und Haß entgegenbringen.« Und dann beruft sie sich noch auf das Buch »Ganz unten« und schreibt, es habe ihr geholfen, mit dem Haß und der Verachtung fertig zu werden. Dieser Leserbrief, den sie mit ihrer Adresse kennzeichnete, provozierte folgenden anonymen Drohbrief – das ist ein Drohbrief, wie ihn mir Ausländer, in gleichem Tenor abgefaßt, immer wieder zeigen; es gibt welche, die haben eine Schublade damit voll. Es kocht noch; es ist zwar eine Minderheit, aber eine sehr aktive. Oft sind es die Brutalsten, die Wortführer, die Ellbogen-Menschen.

Sie bekam folgenden Brief: »Ihre Heimat ist die Türkei und nicht Deutschland. Diese deutschen Freunde sind alle Volksverräter. Ein deutscher Mann spricht nicht mit einer Türkin, ebenso eine Frau. Wir sind keine Herrenmenschen, aber ob Türkin, oder Türke, dieses Volk gehört dahin, wo es hergekommen ist. In ihrem Land kannten sie weder Telefon noch Fernsehen. Sie wissen nicht einmal wie alt sie sind. Ein Volk auf der untersten Stufe. Was alle Türken gut können ob Mann oder Frau ist, die Deutschen ausbeuten. Nichts arbeiten, aber viele Kinder in die Welt setzen, ist auch Arbeit auf Türkenart. Viele Kinder, viel Kindergeld auf Deutschlands Kosten. Noch einen Artikel in der Zeitung und es gibt 100 Stockschläge auf den Arsch. Unsere Truppe findet alle und raus

mit dem Volk der Knoblauchfresser. Aber
wie gesagt, vorher gibt es noch blaue Flecken
an euerm Körper.«

So etwas ist leider keine Ausnahme, und
auch da, wo es sich in physischer Gewalt ent-
lädt, ist es eigentlich immer nur Ausdruck
einer ganz alltäglichen Gewalt, wie sie immer und überall – neben uns, unter uns –
stattfindet. Und wenn diese alltägliche Gewalt überwunden ist, widerlegt ist, dann findet auch nicht mehr statt, was in Hamburg
gerade wieder einem jungen Türken das
Leben gekostet hat, der von verhetzten neo-
faschistischen jugendlichen Skinheads über-
fahren und dann zu Tode geprügelt wurde.
Für jede solcher extremen Gewaltanwen-
dungen finden sich Zigtausende alltäglicher
Gewaltakte, bei denen keine Presse mobil
wird, die wir selbst aufspüren müssen.

Ich möchte zum Schluß ein Gedicht vorstellen, das dem Ausdruck verleiht, was meine
früheren Arbeitskollegen gespürt, gefühlt
haben, nur so nicht in Worte fassen konnten.
Ich habe dabei eigentlich nur Formulie-
rungshilfe geleistet für die jungen Ausländer

der zweiten Generation, die sich im Grunde als Deutsche fühlen, aber nicht akzeptiert, nicht aufgenommen werden. Vielleicht auch deshalb, weil sie sich vom Aussehen her noch unterscheiden, obwohl es unter ihnen welche gibt, die das retuschieren möchten und sich die Haare blond färben, um äußerlich nicht aufzufallen. Es gibt welche, die fast perfekt Deutsch sprechen und die, wenn sie sich am Telefon um eine Wohnung oder um eine Arbeit bemühen, zunächst durchaus Zusagen bekommen. Wenn sie dann auftauchen und ihr Äußeres sie als Ausländer verrät, dann heißt es: Ist schon vergeben.

Zur Zeit versuchen gerade die Bundesländer, die sich gern besonders christlich aufspielen, das Ausländerrecht am rigidesten, am schärfsten auszulegen. Ich bekomme die meisten Zuschriften – überproportional – aus Baden-Württemberg und Bayern, also den Ländern, die das C glauben geradezu gepachtet zu haben. Man muß sich fragen: Wenn Christus heute leben würde, würde er dann nicht mit einer einstweiligen Verfügung »seiner« Partei untersagen, dieses C und seinen Namen aus Tarnungs- und Geschäftsgründen mißbräuchlich zu verwenden?

In diesen Ländern also fängt man jetzt an, mit dem Metermaß an die Wohnungen der Ausländer heran zu gehen, man verlangt eine bestimmte Quadratmeterfläche, einen Mindestwohnraum, und droht mit sofortiger Abschiebung. Früher, als die Arbeitsmarktlage noch anders aussah, hat keiner danach gefragt, hat man sie in Massenquartiere hineingestopft und reingepfercht – plötzlich aber entdeckt man, daß Menschen einen bestimmten Wohnraum brauchen, auch wenn sie in der Regel gar keine größeren Wohnungen finden. So kommt es vor, daß eine vierköpfige Familie ausgewiesen wird, weil ihre Wohnung 47 Quadratmeter hat und nicht, wie vorgeschrieben, 60.

Die Statistik besagt, daß junge Türken, junge Ausländer überhaupt, zu mehr als einem Drittel psychisch krank sind; daß sie mit psychosomatischen Erkrankungen reagieren, weil sie das meiste in sich hineinfressen, fast alles schlucken, weil sie es nicht wagen, etwas zurückzugeben. Ich habe mich am Arbeits-

platz oft gefragt, warum nicht jede Woche
einer von ihnen Amok läuft, bei dem, was
man zu ertragen hat. Die Kriminalstatistik
zeigt, daß bei vergleichbaren Jahrgängen –
ganz anders, als die Boulevardpresse uns
glauben machen will – die Gewalttaten bei
jungen Ausländern zahlenmäßig geringer
sind als bei ihren deutschen Altersgenossen.
Das liegt daran, daß sich jemand natürlich
um so mehr gefallen läßt, wenn er Angst
haben muß, anderenfalls ausgewiesen zu
werden. Beim geringsten ausfällig Werden
gibt es Ämter, die mit Abschiebung schnell
bei der Hand sind.

Ich stelle Ihnen nun zum Schluß dieses Gedicht vor, das ich zusammen mit meinen ausländischen Kollegen formuliert habe:

1. Wir haben nichts
   und alles
   zu verlieren.
   Sie nehmen uns
   das bißchen noch
   vom Leben
   und geben uns
   den Rest.

2. Wir sind ihre Müllschlucker
   ihre Fußabtreter
   ihr Menschenschrott.

3. Solange wir uns alles gefallenlassen
   kriegen wir keine Prügel
   aber wehe, wir mucken auf
   und sagen, was wir denken
   oder fordern Rechte
   dann zahlen sie es uns
   doppelt und dreifach heim
   und sagen, geht dahin
   wo ihr hergekommen seid
   aber da können
   wir nicht hin zurück
   da sind andere
   an unserer Stelle
   wir sind schon zu lange hier
   unsere Sprache, Freude und Kraft
   haben sie uns geraubt.
   Und ihre Art zu leben
   macht uns frieren
   und die Heimat unserer Eltern
   ist für uns die Fremde.

4. Sie hören uns nicht zu
   auf unsere Fragen geben sie uns

keine Antworten.
Wir haben keinen Namen mehr
wir haben keine richtige Heimat
wir sind niemand
wir sind nichts.

5. Wir klagen euch an:
ihr habt uns
unsere Seele gestohlen.
Jetzt sind wir eure Roboter
seit Jahren ist Stromausfall
unsere Akkus sind leer.
Einige Ältere von uns
erinnern sich noch
wir waren einmal
Menschen.

Eckart Spoo

Nachwort zur Predigt von unten

Günter Wallraff predigte. Und die alte Dorf-
kirche in Wettbergen am Stadtrand von Han-
nover war schon bis auf den letzten Stehplatz
gefüllt, noch bevor die Glocke bimmelte, um
die Gemeinde zu diesem Vespergottesdienst
am Neujahrstag zusammenzurufen. Jedes-
mal zu Jahresbeginn bittet der Kirchenvor-
stand einen Laien auf die Kanzel. Das hat
in Wettbergen Tradition. So predigten hier
schon Peter Brückner, Günter Gaus und andere namhafte Zeitgenossen. Doch nie war
der Andrang so groß wie diesmal – bei einem
Mann, der katholisch aufgewachsen ist, längst
nicht mehr der Kirche angehört und in seinen Reportagen manchen kirchlichen Wür-
denträger peinlich demaskiert hat. Was hatte
er den evangelischen Christen in Wettbergen
zu sagen?

Der Gottesdienst begann mit dem Choral
»Das alte Jahr vergangen ist«, worin Gott als
»der Vater in dem höchsten Thron« gerühmt
wird.

Der Laie auf der Kanzel widersprach gleich im ersten Satz. Er wandte sich dagegen, Gott »ganz oben« anzusiedeln. Diese Tendenz, so Wallraff, reiche »von den Hofpredigern König Davids über Friedrich Wilhelm bis zu den Helmuts von heute« und äußere sich auch in Liedtexten wie »Lobe den Herrn, der alles so herrlich regieret« oder »Großer Gott, wir loben Dich, Herr, wir preisen Deine Stärke«. Wenn sich solche Lieder vom »Herrn der Heerscharen« noch mit dem Ruf »Helm ab zum Gebet« verbänden, »dann kriegen die irdischen Herren auch schon mal feuchte Augen«, sagte Wallraff. Auf der anderen Seite gebe es aber seit jeher die Tendenz, Gott »ganz unten« zu suchen.

»Ganz unten« ist der Titel des vieldiskutierten Wallraff-Buches über die Erfahrungen des Schriftstellers in der Rolle des türkischen Arbeiters Ali. Und »ganz unten«, verkündete nun der Prediger in Wettbergen, sei Gott erschienen. Das nämlich sei die Weihnachtsbotschaft, die freilich in dieser Zeit wie alle Jahre wieder in Vergessenheit zu geraten drohe, wenn »die Schnulze vom blonden Knaben im lockigen Haar« gesungen werde. Von der zugigen Notunterkunft in Bethlehem bis zum Kreuz auf Golgatha, der Müllkippe von Jerusalem, sei Christus sein Leben lang konsequent bei den »kleinen Leuten« geblieben – immer in der »Gestalt eines Sklaven«, wie ihn Paulus zitiert.

Was die Bibel unter Sklaverei versteht, erklärte Wallraff am Beispiel der Geschichte von der ägyptischen Gefangenschaft: wie der Pharao die Fremdarbeiter aus Palästina ausbeutete, niederhielt und beschimpfte. Der Exodus, die Befreiung aus diesen unerträglichen Arbeits- und Lebensverhältnissen, sei Bezugspunkt einer Theologie der Befreiung, wie sie heute besonders in Lateinamerika und Südafrika praktiziert werde. Wallraff nannte auch hiesige Vorbilder, zum Beispiel die katholische Initiative »Kirche von unten«. Was ihn mit solchen Christen verbinde, sei das, was in religiöser Sprache schlicht »Nachfolge Christi« heiße.

Der Schriftsteller zitierte aus dem Matthäus-Evangelium: »Ich war fremd und obdachlos, und ihr habt mich aufgenommen. Was ihr dem geringsten meiner Brüder getan habt, das habt ihr mir getan.« Dies sei nicht, wie oft mißverstanden eine Aufforderung zur Mildtätigkeit von oben, sondern Identifikation mit dem Fremden und Obdachlosen – praktizierte Solidarität als befreiendes Handeln.

Wallraff appellierte an die Gemeinde, an jeden einzelnen, Gott nicht ins Jenseits zu verbannen und die Regelung der irdischen Dinge nicht irgendeiner Obrigkeit zu überlassen, sondern nach biblischem Gebot den Mund für die Stummen aufzutun, sie zum Reden zu bringen, gegen menschenunwürdige Arbeits- und Lebensbedingungen, gegen die Herrschaft des Geldes, des Kapitals zu protestieren und gerechte Verhältnisse zu schaffen. Wo sich ungerechte Verhältnisse nicht verbessern ließen, gelte es, aus dem Pyramidenstaat des Pharao auszubrechen.

Die ungewöhnliche Predigt hatte ungewöhnliche Folgen: Nach einer Pause des Nachdenkens klatschte die Gemeinde dem Prediger Beifall.

Dann wurde der Klingelbeutel herumgereicht. Die Kollekte erbrachte 2 200 Mark für das deutsch-türkische Wohnmodell, das Wallraff in Duisburg schaffen will.

Günter Wallraff am 1. Januar 1986 in der Johanniskirche Hannover-Wettbergen

Günter Wallraff

Kein Abschied von Heinrich Böll

Rede anläßlich einer
Hommage für Heinrich Böll
in Köln
am 27. September 1985

Ich kann mir für Heinrich Böll keine Abschiedsrede einfallen lassen – keinen wohlgesetzten Anfang und keinen würdigen Abschluß finden. Es liegt daran: Er ist für mich nicht wirklich tot. Er ist in seinen Gedanken, Werken und Taten noch so lebendig wie kaum ein anderer Autor. Er läßt uns nicht in Ruhe und sperrt sich, vorschnell eingeordnet, klassifiziert und für jedermann verfügbar und damit auch mißbraucht zu werden. Er wird dieser Gesellschaft – so wie sie beschaffen ist – noch lange nicht den Gefallen tun, als Klassiker zu festlichen Anlässen in Dienst genommen werden zu können; in einer Welt, die – so Böll – »nach Ausbeutung stinkt«.

Was wäre die Bundesrepublik ohne Heinrich Böll? Sie wäre geistig noch ärmer. Man muß sich erinnern: Zu Adenauers Zeiten deckte Böll das Zusammenspiel von Kapital und Klerus auf. Unter Druck gesetzt, begann sich der Katholizismus von Fossilem und Erstarrtem zu lösen. Ohne Böll wäre die katholische Amtskirche heute eine noch bedrohlichere und mächtigere Institution – auch außerhalb Bayerns. Hätte diese Kirche auch nur etwas von der praktizierenden Nächstenliebe und urchristlichen »Fürchtet-euchnicht«-Demut eines Heinrich Böll – sie könnte wieder Zuflucht werden.

Ohne Böll wäre die Kriegsdienstverweigerung mit noch mehr Repressalien verbunden. Der extreme Zivilist hat mit dazu beigetragen, Verweigerung zu einem selbstverständlichen Recht zu machen.

Böll war es, der meinen Weg als Autor entscheidend beeinflußt hat. Ohne seine frühen Werke, die uns ein Deutschlehrer nahebrachte, der als Freiwilliger in den letzten Krieg ging und als Pazifist zurückkehrte, wäre es bei mir wahrscheinlich nicht zu der Konsequenz gekommen, den Kriegsdienst zu verweigern, auch innerhalb der Truppe. Um durchzuhalten, führte ich Tagebuch: meine ersten Schreibversuche. Von Geschichte hatte ich wenig Ahnung. Böll vermittelte mir Geschichtsbewußtsein anhand meiner eigenen Aufzeichnungen. Heinrich Böll hat dann zu meinem Bundeswehr-Tagebuch auch das Vorwort geschrieben. So wurde ich dank seiner Hilfe zum Schriftsteller.

Böll ermutigte. Er förderte, beriet und unterstützte Kollegen – ohne davon Aufhebens zu machen. Seine Hilfe war nie demonstrativ, sie war immer persönlich. Und von gleich zu gleich.

So hat allein die Tatsache, daß es Böll gab, Mut gemacht. Auch wenn man ihn lange nicht gesehen hatte und wußte, wie überfordert und vereinnahmt er war, wie wenig er noch zu sich selbst kam, wie er Anlaufstelle war für Verfolgte und Verzweifelte, für Emigranten und Asylanten, wie er dabei als Institution auch mißbraucht wurde – es entlastete und beruhigte oft andere, zu wissen, daß Böll aktiv geworden war.

Er hat sein dauerndes Zur-Verfügung-Stehen selbst einmal so definiert: Für ihn seien »die sieben Tugenden der Barmherzigkeit« eine Selbstverständlichkeit. Nämlich: die Hungernden sättigen, die Durstigen tränken, die

Kranken trösten, die Toten beerdigen, die Nackten bekleiden, die Gefangenen besuchen, die Fremden beherbergen.

Böll schlug vor, »eine Art Litanei-Anhang zu machen und zu sagen: Die Hungernden sättigen, die Fremden beherbergen, auch wenn es ›chilenische Kommunisten‹ sind, auch wenn es ›sowjetische Dissidenten‹ sind«; und auf unsere jetzige Situation im Sinne von Böll übertragen: auch wenn es türkische Gastarbeiter sind, auch wenn es pakistanische Asylanten sind. Menschlichkeit und Hilfe waren für ihn unteilbar. Er war im Gegensatz zu seinen Kritikern auf keinem Auge blind. In einer Gesellschaft, die so total auf Konsum und Egoismus aufgebaut ist, einer reinen Leistungsgesellschaft, wird der Rang und Wert des Menschen ausschließlich daran gemessen, was er besitzt oder leistet, und nicht an dem, was er erleidet. In so einer Gesellschaft, in der die Tugenden der Barmherzigkeit geradezu als Untugend gelten, bleibt diese Aufgabe aber letztlich an wenigen hängen, und zu diesen wenigen gehörte Böll.

Die Tatsache allein, daß es ihn gab, bedeutete oft schon Schutz, Wärme, Hilfe. Ich kann mir vorstellen, daß allein seine geistige Nähe gewisse staatliche Institutionen etwas bremste oder Medien, die einen sonst vielleicht schon vernichtet hätten, noch etwas in Schach hielt. Die Tatsache, daß es ihn nicht mehr gibt, macht nun viele schutzloser und vogelfrei, rückt sie wieder stärker ins Visier der jeweiligen Jagdgesellschaft.

Böll war dabei von einer Güte, die selbst denen zugute kam, die eigentlich seine Feinde waren. Er glaubte an und hoffte bis zuletzt auch auf die Entwicklung, die Änderungsmöglichkeit und Lernfähigkeit seiner Gegner.

Es gab zum Beispiel einen Bundespräsidenten, der ihn aus einer denunziatorischen Dummheit und Voreingenommenheit heraus verunglimpft hat, als er, damals noch Fraktionsvorsitzender, öffentlich erklärte: »Ich fordere die ganze Bevölkerung auf, sich von der Terrortätigkeit zu distanzieren, insbesondere auch den Dichter Heinrich Böll, der noch vor wenigen Monaten unter dem

Pseudonym Katharina Blüm ein Buch geschrieben hat, das eine Rechtfertigung von
Gewalt darstellt.«

Dennoch hat Böll diesem Mann nicht die
Tür gewiesen, als er Jahre später einmal als
einsamer Wanderer vor seinem Haus stand
und darum bat, einkehren zu dürfen. Es war
für Böll eine Selbstverständlichkeit, auch
solche Menschen, in deren Geist schließlich
auch die Haussuchungen bei Böll und seinen Familienmitgliedern stattfanden, will-
kommen zu heißen. Während er selber, als er
1972 in einer beispiellosen Hetzkampagne
verfolgt wurde und in ganz Deutschland
nach einem Forum suchte, in dem er auf die
Angriffe antworten konnte, nicht einmal in
Köln eine Möglichkeit fand, sondern lediglich in den Spalten einer liberalen Zeitung
aus München. Wir wollen das hier in Köln
nicht vergessen.

Die Tatsache, daß in dieser Gesellschaft so
wenig Versöhnung, so wenig Verzeihen stattfindet, hat ihn dann in den letzten Jahren
immer verzweifelter werden lassen. Er wurde
zunehmend trauriger, trostloser, auch hoff-

nungsloser. Sonst spricht man ja immer davon, daß jemand sich im Alter läutert, daß er abgeklärter wird und sich dann mit vielem abfindet.

Bei Böll war es genau umgekehrt: je älter er wurde, um so radikaler wurde er. Vielen blieb seine Radikalität fremd, diese Liebe und Menschlichkeit, die keinen Essay schreibt über »Menschenliebe und Humanismus«. Ein Kritiker hat in seinem letzten Roman »Frauen vor Flußlandschaft« einen Totalverriß der Bundesrepublik Deutschland gesehen. Das ist wohl wahr.

Heinrich Böll war der hierzulande nicht eben häufig vorkommende Erinnerungsarbeiter, der die Fähigkeit zu trauern vom Trümmerdeutschland der späten vierziger Jahre bis zum Mutlangener Raketendeutschland der frühen achtziger Jahre bewahrte.

In seinem letzten Rundfunkinterview erinnert er sich: »Da kam Ende der vierziger, Anfang der fünfziger Jahre der Kalte Krieg, die ersten Anzeichen der Remilitarisierung, oder sagen wir: Wiederbewaffnung. Und damit wurde ganz klar, daß die alten Kräfte der Industrie, die ja Hitler ... finanziert hatten, nachweisbar, wie zum Beispiel Flick, ihr Geld an den KZs verdient hatten; daß diese alten Kräfte in der Wirtschaft stärker als im Militär wieder anfingen zu herrschen. Ich nenne das Beherrschung und nicht Regierung.«

In einer synthetischen Welt ohne Erinnerung ist alles dem Untergang geweiht, hat Böll gemeint. Zerstörung, Auslöschung von Erinnerung ist immer seine Angstvorstellung gewesen. Eine Menschheit ohne Erinnerung war für ihn der Alptraum der Geschichtslosigkeit. »Der gute Deutsche«, als der Böll im Ausland galt und als der er der Bundesrepublik einen Kredit verschaffte, den sie so gar nicht verdient hat, war Böll nicht zuletzt deshalb, weil er sich gegen diese Auslöschung von Erinnerung gewehrt hat. Er ist der »Moralist Böll« geworden, als in der Bundesrepublik kalte Machtvorstellungen über moralische Kriterien zu dominieren begannen. Man hat ihn dann in die Rolle des »Gewissens der Nation« gedrängt. Dagegen hat er sich gewehrt, weil da eine Heuchelei stattfand. Denn das kann ja eigentlich auch nur eine sehr gewissenlose Gesellschaft sich leisten, ihr »Gewissen« an einen einzelnen zu delegieren. Nur eine Gesellschaft, die sich selbst kein Gewissen mehr leistet, hat es nötig, einem einzigen Menschen diese Bürde aufzutragen; eine Gesellschaft, die meint, sie habe es wegen ihrer wirtschaftlichen Aufbauleistungen nicht mehr nötig, an Auschwitz erinnert zu werden (so Strauß).

Andererseits dann aber – und diese Rolle hat Böll so gern und hartnäckig ausgefüllt, daß es dieser Gesellschaft schon wieder lästig war –: Böll als das Gedächtnis der Nation. Da war er wunderbar altmodisch. Das, was längst nicht bewältigt war und ist, das wollte er nicht abgehakt wissen unter einem der entsetzlichsten Begriffe der Nachkriegszeit: der sogenannten Wiedergutmachung. Was da heißen sollte: sich mit der neuen harten Währung von einer nie zu tilgenden Schuld freikaufen.

Das war seine Überzeugung: daß man mit Geld eines der größten Verbrechen der Menschheitsgeschichte nicht tilgen kann wie einen Kredit bei einer Bank. Da hat er nie nachgegeben, das blieb sein Dauerthema: über eines der schlimmsten Verbrechen kann ein Menschenleben nicht hinwegkommen. Und dafür hat er sich mit seinem Werk verbürgt.

Als er dann merkte, wie wenig er da aber bewirken konnte und oft im Ausland mehr verstanden wurde als im eigenen Land, trotz hoher Auflagen, hat er sich von der bundesrepublikanischen Truppe entfernt.

Es war zum Beispiel in den letzten Jahren ein Traum von ihm, ein Land wie Nicaragua langfristig zu besuchen und sich dort in einem neuen Modell christlich-sozialistischer Prägung umzusehen, um so neue Phantasie zu entwickeln. Das war aufgrund seiner Krankheit nicht mehr möglich.

Heinrich Böll wirkte auf mich immer – selbst als er schon so krank war – wie einer der jüngsten Autoren, während manche jungen, allzufrüh vollendeten ehemaligen Heißsporne mir oft wie Greise erscheinen. Weil er es auch immer wieder schaffte, überraschend, zu Zeitpunkten, wo es keiner erwartete, das Unerwartete, Unbequeme und Störende offen beim Namen zu nennen. Er forderte: »Wer Augen hat, zu sehen, der sehe ... Der Blindekuh-Schriftsteller sieht nach innen, er baut sich eine Welt zurecht.« Er hat nie Ruhe gegeben, hat sich in dem Spielraum, den man ihm längst gestattete, nie bequem eingerichtet.

»Wir dürfen uns nicht fürchten, zu weit zu gehen«, hat er einmal gesagt, »und ich werde mir die Hoffnung auf diese *Utopie* nicht ausreden lassen.« Er verlagerte seine Utopien nie ins Jenseits, er benannte sie mit seiner schnörkellosen Klarsichtigkeit als – so Böll wörtlich –: »eine profitlose und klassenlose Gesellschaft«.

Es ist überhaupt interessant, daß es bei uns oft Ältere sind, die diese Unerschrockenheit besitzen, dieses Aufrührerische. So hat Böll zum Beispiel nie das Recht als Selbstzweck angesehen. Für ihn war etwa das staatliche Recht gleichzeitig im Keim immer auch schon das mögliche Unrecht, der Machtmißbrauch. Er hat bewußt Polizeiverordnungen und formales Recht gebrochen, um statt dessen Menschenrechte durchzusetzen. Das ging bis zur Fluchthilfe, als er einen Verfolgten, im Kofferraum seines Wagens versteckt, über Grenzen brachte.

Die Heuchelei vieler seiner Gegner bestand darin, daß sie genau wußten, daß Böll zum Beispiel vielen Schriftstellern in der Sowjetunion geholfen hat, worüber er selber nie sprach, auch um diesen bedrängten Autoren nicht zu schaden und weil er nur helfen konnte, indem er das alles nicht an die große Glocke hing. Dann mußte er aber immer wieder erleben, daß man ihm vorwarf, daß Bücher von ihm in der Sowjetunion in hohen Auflagen erschienen, obwohl diejenigen, die ihm das vorwarfen, genau wußten, was er mit den Rubeln machte: nämlich verfolgte Autoren finanziell zu unterstützen.

Seit Heinrich Böll tot ist, erleben wir von seiten des Staates viel heuchlerische Pflichttrauer. Nach der Devise: Erst ein toter deutscher Dichter ist ein guter deutscher Dichter!

Erlauben Sie mir zum Schluß noch kurz ein paar persönliche Gedanken mitzuteilen, wie

sie mir am Todestag von Heinrich Böll
kamen:

Dienstag, 16. Juli 1985

Heinrich Böll ist tot.
Es wird dunkler und kälter
mitten im Sommer.

Hein, du hast hingeschmissen,
Deine Venen und Nerven
waren nicht aus Stahl.
Du hast an allem gelitten
und geholfen, selbst da,
wo gnadenlose Jagd angesagt war.
Mit manchen Ehrungen, die Du über
Dich ergehen lassen mußtest,
haben sich Deine Ehrer
mehr Ehre angetan als Dir.

Und gegen Deine Lobredner von Staats
                                    seiten
und ein paar Aasgeier von der Kritikerzunft,
die Dich zu Lebzeiten
nicht mundtot machen konnten,
kannst Du Dich nun nicht mehr wehren.

Die Deine Werke nicht lesen,
werden Dir ein monumentales Denkmal
                                    setzen.
Sie wollen Dich und das Aufrührerische
Deiner Gedanken einmauern.

Hein, es gibt keinen,
der an Deine Stelle treten
und Dich ersetzen könnte.

Wir sind ärmer geworden.

Wir können von Dir lernen:
das Richtige auch zum nicht-opportunen
                                    Zeitpunkt
zu sagen und zu tun.
An den Menschen und nicht an
                    Institutionen zu glauben,
keiner starren Ideologie zu verfallen,
den jeweils Mächtigen zu mißtrauen.

Und wenn wieder Gleichschritt angesagt:
zu stolpern, um aus dem Tritt zu kommen.
Eher desertieren, als zu marschieren.

Widerstand leisten!
Nicht erst, wenn's zu spät ist,

in Diktaturen.
Leben und Werk nicht zu trennen
– so wie Du es vorgelebt –,
so bist Du nicht tot.

Günter Wallraff

Laßt die Kirche nicht im Dorf...

Ein Gespräch

Frage: Günter Wallraff, gab es christliche Prägungen in Ihrer Jugend und wenn ja, wie sahen sie aus?

Wallraff: Die christliche Religion hat bei mir sicher Spuren hinterlassen. Christus ist für mich eine der großen revolutionären Gestalten der Menschheitsgeschichte, der die Konventionen und die Enge seiner Zeit sprengte.

Was die Organisation Kirche dann aus seiner Lehre gemacht hat, klaffte genauso auseinander wie das, was die sozialistische Staatsdoktrin später aus den Erkenntnissen Karl Marx' gemacht hat.

Mein Verhältnis zur Amtskirche ist ein sehr gebrochenes. Das fing schon damit an, daß ich protestantisch getauft und erzogen wurde. Meine Mutter war Protestantin, mein Vater Taufschein-Katholik.

Als mein Vater im Sterben lag – er war in ein von katholischen Nonnen geführtes Hospital eingewiesen worden –, wurde ich im Alter von viereinhalb Jahren zum zweiten Mal getauft, weil die Nonnen meinem Vater so zusetzten, daß er am Sterbebett bereute, mich protestantisch getauft haben zu lassen.

Das ist selbst nach katholischem Kirchen-
recht völlig überflüssig, getauft ist getauft!

So wurde ich plötzlich katholisch und
empfand aber damals schon diese Situation
als sehr peinlich. Mein Vater wurde wieder
gesund, und die Nonnen sprachen von
einem Wunder. Aber eigentlich lag es nur
daran, daß er einer der ersten war, der Peni-
cillin bekam. Dazu kam ein weiteres Schock-
erlebnis: Da meine Eltern arm waren – mein
Vater war zudem im Krankenhaus, meine
Mutter mußte arbeiten –, kam ich für knapp
ein Jahr in ein katholisches Waisenhaus. Die
Fürsorge der Schwestern war eine positive
Erfahrung. Aber dennoch lebte man dort in
einer entfremdeten Situation: Alle bekamen
die gleiche Kleidung, man verlor sein Eigen-
wertgefühl.

Bei meiner Kriegsdienstverweigerung be-
rief ich mich dann bewußt auf die Bergpredigt. Ich trug mich damals mit dem Gedanken, in einen Orden einzutreten, ich hatte
freundschaftliche Beziehungen zu Domini-
kanern. Dabei stand nicht so sehr das christliche Moment im Vordergrund. Ich habe
mich damals sehr mit Zen-Buddhismus be-
faßt, und hätte es damals in unseren Breiten-

graden Zen-Klöster gegeben, wäre das für mich eine Perspektive gewesen. Ich war im religiösen Sinne nicht gläubig und wollte auf keinen Fall Priester werden. Es hatte etwas mit Mystik zu tun, mit Rückzug aus einer bedrohlichen, übermächtigen Umwelt!

Ich bin dann den umgekehrten Weg gegangen – hinein in die Gesellschaft, wollte lebenswerte Freiräume mitschaffen; vorwegträumen, was eine gewalt- und herrschaftsfreie Gesellschaft ausmachen könnte.

Ich machte von meinem Recht auf Verweigerung zu spät Gebrauch und wurde eingezogen. Zehn Monate lang wurde ich von diesem Apparat so in die Mangel genommen, daß mir Hören und Sehen nicht *ver*ging, sondern *auf*ging. Der Militärgeistliche sprach mir damals rundweg das Recht ab, mich auf Christus zu berufen, und stellte meine Motive im Geiste der Bergpredigt in Zweifel. Er versuchte, einen Kuhhandel mit mir zu machen: Wenn ich meinen Antrag zurückziehen würde, erklärte er sich bereit, sich dafür einzusetzen, daß ich den Führerschein auf Bundeswehrkosten machen dürfte. Ich habe darauf verzichtet. Danach leistete ich mir eine Art passiven Widerstand und habe mir

einige antiautoritäre Aktionen erlaubt, wie
man sie später auch bei der Studentenbewe-
gung kannte. Daraufhin kam ich in eine Art
Strafkompanie und wurde in eine geschlos-
sene psychiatrische Abteilung des Bundes-
wehrlazaretts Koblenz eingeliefert und als
abnorme Persönlichkeit, als für Krieg und
Frieden untauglich wieder entlassen.

In den Anfängen meiner Fabrik-Reporta-
gen habe ich mich auch an den französischen
Arbeiterpriestern orientiert. Das war nicht
primär religiös ausgerichtet. Ich verstehe Religion nicht als Jenseitsglauben, sondern als
diesseitige soziale Verantwortung. Vertröstungen aufs Jenseits verhindern mögliche
Veränderungen in unserem begrenzten Dies-
seits. Es wird keine Gesellschaft geben, die
das Himmelreich auf Erden errichten wird
... wohl aber sind Annäherungen möglich.
Den »Endzustand« einer selbstgerechten
Gesellschaft kann und darf es nicht geben,
denn das hieße Stagnation, Rückwärtsent-
wicklung.

Frage: Sie greifen in letzter Zeit stark auf
religiöse Motive, auch auf fremde Religionen
zurück. Geschieht das mit Absicht?

Wallraff: Ich habe schon immer, auch in der Vergangenheit, nicht nur das gemacht oder sehr häufig nicht das gemacht, was man von mir erwartet hat. Trotzdem glaube ich, besteht bei Freunden – hauptsächlich jedoch bei Gegnern, die mit Haß auf meine Arbeit reagieren –, zuweilen aber auch bei Freunden eine etwas klischeehafte Vorstellung davon, was mich treibt, welches meine Motive sind, was mich ausmacht und was ich will. Und ich halte das sogar für produktiv, daß ich bisweilen Erwartungen nicht erfülle, mich manchmal sperre, mich rar mache, andere brüskiere oder mich ganz verweigere. Dies ist auch mit ein Grund, daß ich Mitglied in keiner Organisation bin, von der Gewerkschaft abgesehen, Mitglied keiner Partei, aber auch keiner Kirchengemeinde.

All das ist nicht abgeschlossen. Die Arbeit, die ich mache, die Reibungsflächen, die ich vor Ort in der Realität erzeuge, die verändern auch mich. So war es auch bei der Arbeit an »Ganz unten« – es ging nicht allein um das Türkenproblem in der Gesellschaft. In meiner Rolle gehörte ich nirgendwo dazu, war nicht ganz Türke, nicht Grieche und nicht ganz Deutscher. Darum gibt es auch in der

Türkei von fundamentalistischer Seite, von rechtsreligiösen Kreisen aus ein Gegenbuch zu »Ganz unten«, in dem behauptet wird, ich hätte das Bild der Türken in den Schmutz gezogen. So wie dieser Mann Ali verhalte sich kein echter Türke.

Dann werden große Persönlichkeiten aus der türkischen Geschichte angeführt. Darauf kann ich nur antworten: Ich habe nie beabsichtigt, einen echten Türken darzustellen, ich habe mich selbst mit eingebracht und in dieser Gebrochenheit mein eigenes Fremdsein in einer Gesellschaft, in der ich mit vielem nicht einverstanden bin. So war ich fast wie ein Kind, das sich neu zurechtfinden muß, das sich voll auf etwas einläßt und somit eine Welt neu entdeckt.

Sehr viele junge Türken bei uns haben sich mit dem Ali identifiziert, weil sie genauso fremd sind, weil sie auch zwischen zwei Kulturen sitzen und ihnen ähnlich mitgespielt wird.

Ich habe zur Zeit das Bedürfnis, mir meine eigenen Wurzeln, Antriebe und Motive einzugestehen, auch eigene Ängste, eigene Hoffnungen, Sehnsüchte jenseits von Ideologien, die mich mitgeprägt haben. Ich glaube, daß einige meiner Ursprünge im Christentum liegen, später bin ich durch einen Bewußtwerdungsprozeß und durch die Erfahrungen, die ich in Betrieben gemacht habe, Sozialist geworden. Beides leugne ich nicht. Christentum und Sozialismus, wenn das zusammenkommt, könnte dies eine menschlichere Gesellschaft ergeben. Ansätze dafür sehe ich in Nicaragua ... – trotz des Kriegszustandes, trotz der Fehler, die man gemacht hat und zum Teil bereit ist einzugestehen.

Sicher wurden von den Sandinisten Fehler begangen. Ihre Minderheitenpolitik gegenüber den Miskito-Indianern und die Zwangsumsiedlungen gehörten dazu. Dies aber wird heute eingestanden und versucht rückgängig zu machen. Das ist zudem etwas völlig Neues in der Politik, daß jemand sich hinstellt und sagt: Wir haben das falsch gemacht. Wir wollen es wiedergutmachen. Wir wollen es in Zukunft verändern. Ich denke, das ist wahres Christentum: Selbstkritik und Minderheitenschutz. Im Sinne von Rosa Luxemburg, die gesagt hat, Freiheit ist immer auch die Freiheit des Andersdenkenden.

All das zeigt, daß hier auch Phantasie mit an der Macht ist und Priester in der Regierung sind. Ich denke etwa an Ernesto Cardenal. Ernesto Cardenal, den ich als großen Menschen schätzen gelernt habe, ist ein tiefgläubiger Mystiker und gleichzeitig unorthodoxer Marxist. Ihn zieht es zurück in seine klösterliche Abgeschiedenheit nach Solentiname. Er verbleibt jedoch in seiner politischen Verantwortung, weil er gebraucht wird in diesem ungleichen, unerklärten Krieg, den Reagans USA mit den gekauften Mörderbanden Somozas gegen die sandinistische Revolution führt.

Diese scheinbar sich ausschließenden Ideologien – Marxismus und Christentum – zusammenzubringen, das würde in manchen Kulturkreisen eine sehr lebenswerte, demokratische Zukunft möglich machen, längst nicht in allen Kulturen jedoch. Ideal wäre eine positive Mischung aus beidem. Wo der Sozialismus aus Gründen der technischen Leistungen, Effektivität und Produktivität das Leiden der einzelnen geringachtet, nur seine Leistung zählt, wird im falschverstandenen Christentum die soziale Auseinandersetzung gescheut. Es wäre allerdings vermessen zu sagen, daß dies auch in Asien ein Weg sein könnte.

Ich glaube, wir wiederum können vom Buddhismus lernen. Galtung, der norwegische Friedensforscher, hat einmal gesagt, der ideale Mensch der Zukunft, der den Friedensgedanken am klarsten leben und verwirklichen könnte, das wäre ein buddhistischer Eskimo: ein Mitglied des Naturvolkes, bei dem die Gastfreundschaft wie in keinem anderen garantiert ist, mit einer Religion, die Missionierung und Eroberungen nicht kennt und die den Menschen als ein gleichberechtigtes Lebewesen neben anderen beseelten Lebewesen sieht. Und nicht als Maß aller Dinge, als Endzweck der Schöpfung oder, wie Benn es einmal sarkastisch ausgedrückt hat: »Die Krone der Schöpfung, das Schwein, der Mensch!«, was wiederum auch eine Mißachtung des Schweins darstellt, das in der Natur ein sehr soziales und auch reinliches Tier ist und erst durch die viehische Tierhaltung des Menschen zur *Sau* gemacht wurde.

Frage: Sie sind schließlich aus der katholischen Kirche ausgetreten. Warum?

Wallraff: Die Kirche, aus der ich austrat, war die Kirche Adenauers und Defreggers. Enge

und Intoleranz zeichneten sie aus. Der ob-
szöne Pomp und die alltägliche Heuchelei,
aber auch ihre herrschaftsstützende Rolle
stießen mich ab. Das ist und war eine so
bürokratisierte, versteinerte Kirche, die dem
Urheber dieser Lehre eigentlich längst den
Rücken gekehrt hat. Man kann durchaus
sagen: Das hat alles mit Christus nichts
mehr zu tun, das ist inzwischen eine verwal-
tete, verkrustete, verfettete Amtskirche, eine
unheilige Allianz zwischen Großkapital,
Klerus und einer Partei, die das C gepachtet
hat und die sich hier dann auch noch militä-
risch verpflichtet fühlt.

In anderen Ländern ist das nicht so. In
Holland sieht es ganz anders aus, in Lateinamerika ebenfalls. Es gibt da soziale Bewe-
gungen in der katholischen Kirche, die sind
nicht so sehr ins Jenseits entrückt.

Das sind aber immer noch Ausnahmen.
Dies liegt daran, daß in der katholischen Kirche und dem Papsttum dem »Führerkult« ge-
frönt wird. Daß sich in der protestantischen
Kirche so viel an sozialer Bewegung abzeich-
net und in der katholischen so wenig – das
liegt auch an dem Führerkult, an diesem Un-
fehlbarkeitsanspruch. Wie der Popstar und

Boß dieser Bewegung damals bei seinem Besuch in Holland plötzlich auf den Teppich zurückgeholt wurde und zur Freude einer ganzen Gesellschaft als Ulkfigur empfangen wurde, das zeigt, daß dort ein ganz anderes Verständnis des Christentums besteht.

In der Bundesrepublik kann von solcher Offenheit und Toleranz auch heute nicht die Rede sein. »Pax Christi« und Initiativen der »Kirche von unten« werden zwar stärker, vegetieren aber immer noch am mißachteten Rand der katholischen Staatskirche. Auch die jüngsten Ereignisse um die Höffner-Nachfolge und die brutale Diskussion um den § 218 geben wenig Zuversicht.

Aber da gibt es immer auch Hoffnung. Bei meiner simulierten Anfrage in »Ganz unten«, ob man einen Türken in Not taufen würde, hat sich einer ganz unbürokratisch, also urchristlich verhalten. Das war dieser junge polnische Priester, der nun aber auch aus einer anderen Kirche kommt, nicht aus einer saturierten Staats- und Amtskirche, sondern aus einer Kirche, die selbst behindert, in einigen Bereichen verfolgt wird, einer Protest-Kirche, die selbst Verfolgten beisteht und hilft. Für den war das sofort klar und selbstverständlich; so hatte ja auch Christus die Lehre einmal gemeint.

Heute interessieren mich mehr die Basisgemeinden in Lateinamerika oder die weltoffenen und zum Teil auch revolutionären Initiativen in der protestantischen Kirche. Etwa die Stellungnahmen und Aktionen zu Südafrika, Antirassismus- und Abrüstungsbewegungen.

Ich bin und bleibe ein Gegner der Institution Kirche, vor allem der katholischen. Überall da, wo Religion zur institutionalisierten Macht oder Staatskirche wird oder sich mit ihr verschwägert, geht der Sinngehalt der humanitären Lehre verloren. Dieser Sinngehalt kann nur in kleinen Gemeinschaften und in direkter sozialer Aktion überleben.

Diese Einsicht bekommt man auch, wenn man die aktuellen Entwicklungen im Islam betrachtet. Ich rede dabei nicht von Khomeini allein. Aber es ist doch so, daß es im Islam einen großen Toleranzspielraum gibt, der etwa Christus akzeptiert. Trotzdem ist der Islam, besonders in seiner jetzigen fundamentalistischen Ausprägung eine sehr intolerante und missionarische Religion, die

»Glaubenskriege« und »-kämpfe« geradezu favorisiert und herausfordert.

Frage: Sie zitieren in Ihrem Züricher Andachts-Text sehr häufig Naturmythen, sogenannte primitive Religionen, viele Aussagen von indianischen Weisen. Folgen Sie dabei nicht zu sehr dem Bild vom »edlen Wilden« Rousseauscher Prägung?

Wallraff: Das glaube ich nicht. Unsere Kultur – was heißt unsere, es ist inzwischen die US-Kultur – wird doch als Maß aller Dinge hingestellt, gilt als erstrebenswert, nachahmenswert, wird auch in der Dritten Welt inzwischen als solche verkauft. Ganze Märkte werden überrollt, Kulturgewohnheiten, Ernährungs- und Lebensgewohnheiten werden niedergewalzt. Dafür zwingt man den Betroffenen etwas auf, was sie geistig verarmen läßt, was aber auch (bei der alltäglichen Ernährung etwa) Menschen krank und ärmer macht.

Wenn eine McDonald's-Kultur als schick gilt und man sie sich gerade noch leisten kann, läßt man dafür die Tortillas sein, die die Menschen besser ernähren und dazu preiswerter sind. Es ist an der Zeit, daß man diese Vorteile und Vorzüge eines anderen Lebens, das zerstört wurde oder nur noch im Keim erhalten ist, wieder ins Bewußtsein rückt.

Die indianische Kultur bietet sich an, weil es eine Kultur ist, die von der christlichen überhaupt nicht erkannt und adaptiert, sondern zerstört wurde. Noch vor wenigen Jahrzehnten wurden in Australien Ureinwohner wie Vieh gejagt. Heute geschieht dies noch mit den letzten nicht domestizierten Indianerstämmen im Amazonasgebiet. Man rechnet damit, daß innerhalb der nächsten 20 Jahre die letzten tropischen Regenwälder Lateinamerikas abgeholzt sein werden. Jetzt ist eine Zeit gekommen, in der eine selbstherrliche ökonomische und geistige Struktur am Ende ihrer Möglichkeiten steht. Heute sind die Umwelt-Katastrophen so groß und auch so häufig, daß viele die Bedrohung spüren und auch die Chance eines Umdenkens da ist.

Fortzufahren wie bisher, bedeutet den Untergang. Ein bißchen bremsen und mäßigen wird nicht helfen. Die Chancen des Überlebens hängen vom Umdenken einer ganzen, vermessenen christlichen Kultur ab. Von dem zu lernen, was man fast vollständig vernichtet hat, das wäre eine Chance. Und da ist eben auch eine neue Toleranz gegenüber fremden Kulturen und anderen Religionen vonnöten. Damit ist nicht der »edle Wilde« im Sinne einer Vollkommenheit oder einer wörtlich zu imitierenden, kopierenden Lebensgewohnheit gemeint, sondern Normen und Verhaltensweisen, die vordergründige Konsumsucht, Status- und Prestigegehabe dorthin zurückführen, wohin sie gehören.

In unserer Hybris haben wir die Intuition verloren, die Sensibilität, das Wesentliche, die Lebensqualität überhaupt noch wahrzunehmen. Wir jagen Dingen hinterher, die uns das wirkliche Leben verstellen, unmöglich machen, so daß viele Menschen Leben nur noch mit Versagung und Leiden zusammenbringen können und daß eigentlich nur noch eine gesellschaftliche Schicht, die die materiellen Voraussetzungen hat, überhaupt am wirklichen Leben teilnehmen kann. Diese Situation beinhaltet eine brutale Überanstrengung – und das merkt der Mensch. Wir alle leben über unsere Verhältnisse, materiell, und verkümmern im sensitiv

Geistigen. Am Ende sind alle so ausgepo-
wert, daß sie dem Ruin nahe sind. Wir jagen
etwas hinterher, das wir letztlich doch nie
erreichen werden. Von daher brauchen wir
neue Orientierungen, brauchen auch neue
Mythen, die wir Europäer wiederentdecken
können, nachdem wir sie vorher beinahe
schon zerstört hatten.

Frage: Sie haben vor Jahren einmal gesagt,
eine Antriebskraft für Ihre Arbeit sei die
Nächstenliebe. Verstehen Sie dies in christli-
chem Sinn? Umfaßt das die ganze Motivation Ihres Handelns?

Wallraff: Da kommt sicher einiges zusammen, das über die Jahre gewachsen ist. Das
was ich als fortschrittlich zukunftsweisendes
Christentum ansehe, aber auch das, was
andere Naturmythen, Naturreligionen oder
Philosophien anderer Völker, von denen wir
lernen müssen, an Erkenntniszusammen-
hängen aufgedeckt haben. Indem ich das zu-
sammenbringe, zeige ich auf einen Weg, auf
dem Überleben möglich sein könnte. Wenn
es überhaupt möglich sein wird.

Die Nächstenliebe auch im christlichen
Sinne ist ja keine Caritas, ist nicht ein Sich-

Herablassen, sondern meint eine Bereiche-
rung des eigenen Lebens, indem man von
sich abrückt, indem man andere ernst
nimmt, auf andere zugeht. Menschen, die
einem fremd sind, nicht überreden, nicht
überrumpeln will, was ja das Christentum
häufig und brutal gemacht hat. Das Christentum hat sich lange als alleinseligmachend verstanden. So wurden fremde Kulturen zerstört, bisweilen sogar unter dem
falschen Gesichtspunkt der Barmherzigkeit.
Man glaubte, man würde diesen Heiden, diesen Wilden, damit einen Gefallen tun. So hat
man ihnen ihre Seele gestohlen, hat sie öko-
nomisch und kulturell überrollt. Da ist viel
wiedergutzumachen.

Das heißt, Nächstenliebe bedeutet eigentlich: Den anderen ernst nehmen, ihn wirklich erkennen, in all seiner Unterschiedlich-
keit, in seinem ganzen Wesen. Bei uns war
der andere stets Heide, Wilder, Barbar oder
Untermensch. Das Alt- wie das Neugrie-
chische hat für Ausländer, Fremder und Gast
ein und denselben Begriff: »Xenos«. Und
wer die herzliche Gastfreundschaft als Tou-
rist in Griechenland oder in der Türkei selber
erleben durfte, weiß, daß es sich da nicht um

ein verlogenes leeres Wortspiel handelt wie bei unserer Wortschöpfung »Gastarbeiter«.

Frage: Haben Sie in diesem Sinn Ali aus »Ganz unten« einmal eine christliche Figur genannt?

Wallraff: Solche Anklänge und Dispositionen finden sich sicher auch in anderen meiner Bücher, obwohl ich sie im konkreten Zusammenhang nie benenne: Das wäre zu mißverständlich und auch zu absichtsvoll.

Frage: Sie haben ja bereits am Neujahrstag 1986 in einer protestantischen Kirche gepredigt. Ist dies für Sie zur Zeit ein neues und ausbaubares Wirkungsfeld? Vielleicht auch ein neuer Kunstrahmen?

Wallraff: Weder in Zürich noch in Hannover-Wettbergen ging es mir um Kunst. Ich will meine Arbeit tun, etwas bewirken. Und wenn es eine Kirche ist und zur Not auch mal eine Kanzel, es hat etwas mit Verfremdung zu tun.

Es soll aber nicht der Eindruck entstehen, hier liege mein zukünftiges Wirkungsfeld.

Vor dem Sakralen, der Kathedrale habe ich immer zurückgeschreckt und tue das auch weiter. Ich habe eine gewisse Scheu vor Kirchen.

Nach meiner Neujahrsansprache 1986 habe ich von Dutzenden von Kirchengemeinden Einladungen zu gleichen Veranstaltungen bekommen. Ich habe sie alle abgelehnt.

Daher hätte ich die Haydnsche »Schöpfung« und meinen Beitrag dazu auch lieber an anderem Orte zur Aufführung gebracht. Als Kontrastrahmen und realistische Kulisse schien mir einer der großen, in der Schweiz ja so häufigen Atombunker richtig. Aus rein technisch-akustischen Gründen zerschlug sich der Plan.

Ich predige auch nicht die Apokalypse, wie es zur Zeit und immer wieder mal Mode ist, meine Beschäftigung mit fremden Religionen und Mythen unterliegt keinen modischen Erwägungen. Als ich mich mit anderen Religionen beschäftigte, war das noch keine Mode. Ich trage diese Gedanken in der TV-Sendung auch nicht im kultischen Sinne vor, sondern ganz pragmatisch und direkt. Meine Gedanken haben nichts mit Schamanentum, mit Okkultistischem zu tun.

Ich möchte die gegenwärtige Bedrohung von Umwelt und Menschen ständig im Bewußtsein halten, um die letzten Kräfte zu mobilisieren. Von daher bin ich dazu verdammt, Optimist zu sein. Es ist nie zu spät. Brecht hat einmal gesagt: Wer lebt, sage nie niemals. Also auch modisch postmoderner Pessimismus ist mir fremd.

Ich muß zugeben, daß ich mich auf der Kanzel des Großmünsters nicht sehr wohl fühlte und von daher bewußt alles vermieden habe, was an eine Predigt erinnerte. Ich habe so gesprochen, wie ich auch im kleinen Kreise rede. Ich habe bewußt Pausen gelassen, in denen der Zuschauer nachdenken konnte. Mein Vortrag ignorierte die Kulisse. Ich glaube, ich habe hier einiges gesagt, bei dem man sich zuerst einmal überwinden muß, es in einer Kirche vorzutragen. Und ich habe gewissermaßen kontrapunktisch zum Werk Haydns und zum sakralen Rahmen des Aufführungsortes gesprochen.

Ich habe nicht anders geredet als in einer Fabrik, und ob ich vor 50 oder 2 000 Menschen spreche, ändert nichts an meiner Diktion. Rhetorik, die überrumpeln und indoktrinieren will, lehne ich ab. Ich habe auch nicht an die Stelle eines alten einen neuen Kult setzen wollen.

Wenn ich hier die Indianer ihre Weltanschauung in einer Kathedrale zu Wort habe bringen lassen, so ist das etwas ganz anderes, als wenn man es in einem privaten Zusammenhang liest, weil genau diese Kirche die Zerstörung selbiger Kultur zu verantworten hat.

Frage: Herr Wallraff, ich denke, es ist klargeworden, daß Sie sich gewissen christlichen Prägungen, vielleicht auch fortschrittlichen Traditionen verpflichtet fühlen. Sicher ist, daß es Ihnen um ein neues Denken geht, das Elemente aus allen Denksystemen, Philosophien und Religionen, auch aus politischen und wissenschaftlichen Erkenntnisfeldern aufnimmt und sie für ein Überleben der Menschheit wirksam macht. Würden Sie das für eine religiöse Motivation halten?

Wallraff: Ich bin kein Verkünder, ich bin kein Prediger, ich bin kein Theologe und kein Theoretiker. Ich glaube an das Göttliche in jedem einzelnen Menschen. Jeder einzelne Mensch ist ein Universum, einmalig, unverwechselbar.

Mein Appell wirkt in kirchliche Strukturen hinein. In Gemeinden, wo Nachdenken möglich ist, wo Toleranz einen Platz hat, wo man sich in Gruppen anderen Kulturen öffnet. Es gibt kirchliche Umgebungen, wo man bereits zu neuem Denken ermutigt. Und ich sehe, daß gerade innerhalb der protestantischen Kirche in den letzten Jahren fast eine Umkehr stattgefunden hat, daß da ein neuer Internationalismus Raum greift . . . Man sieht es nicht nur auf Kirchentagen.

Langsam wirkt dies auch ansteckend auf Bereiche der katholischen Kirche, zumindest die Laien werden emanzipierter. Die Kirche von unten, die sich so definiert und auch selbständig zu Katholikentagen Veranstaltungen durchführt, läßt sich nicht mehr reglementieren, wie das früher möglich war. Da wird Eigenständigkeit entwickelt. Und auch Pax Christi ist nicht nur eine reine Friedensorganisation, sondern eine Geisteshaltung, die weit darüber hinaus reicht. Von daher soll man die Kirche *nicht* im Dorf lassen. Man soll sie bei ihren Ansprüchen pakken. Und man soll dieses Potential neu nutzen und viele der Funktionäre dieser Kirche aus ihrem Naturgesetz der Trägheit herausholen, sie aufrütteln. Es sind viele, die mehr machen würden, machen möchten, wenn sie könnten oder wenn sie dazu ermutigt würden.

Ich gehöre eigentlich zu den Schwachen, meine Stimme ist nicht sehr stark, mein Auftreten auch nicht. Wenn ein Vertreter der Schwachen so etwas auslöst und in Bewegung setzt, scheinbar Allmächtige so durchsichtig, so durchschaubar macht und ihnen den Boden unter den Füßen wegzieht, so daß sie als lächerliche Figuren erkennbar sind – und wenn dann jeder das in seinen Bereich überträgt, dann merken viele, was für eine Kraft entsteht, wenn sich die Schwachen zusammentun.

Mark Green/ Gail MacColl

Reagan sieht rot
oder: der verwirrte Präsident

(Taschenbuch-Originalausgabe)

192 Seiten
DM 5,00

Mark Green, Mitarbeiter des »Democracy Project«, und Gail MacColl, freiberufliche Schriftstellerin in den USA, haben mit viel Witz und Verstand die Karriere des Ronald Reagan beobachtet und gesammelt, was er zu sagen hat. In ihrem Buch belassen sie es jedoch nicht bei einer Auflistung der vielfältigen Irrungen und Wirrungen ihres Präsidenten, zitieren nicht nur seine seltsamen Aussagen und Ansichten, sondern stellen kenntnisreich richtig und zeigen Hintergründe auf.

So erfahren wir, was er etwa von Sozialleistungen hält: »Arbeitslosenversicherung, das ist ein im voraus bezahlter Urlaub für Schnorrer«; lernen, daß 80 Prozent der Luftverschmutzung von Bäumen verursacht werden und vieles andere mehr.

Die meisten seiner Äußerungen zeigen Ronald Reagan als »Bruder im Geiste« unseres Kanzlers Helmut Kohl. Oft ist man versucht zu lachen. Allzuoft bleibt das Lachen aber im Halse stecken.

Die Autoren charakterisieren den Politiker Reagan aus seinen Anfängen, analysieren sein »Weltbild« und nennen die Personen und Kräfte, die hinter ihm stehen. Sie zeigen, welche gesellschaftlichen Interessen ihn leiten, und auch die Auswirkungen seiner Politik nach außen und innen: die Erhöhung der Militärausgaben zu Lasten der Sozialprogramme, militärische Abenteuer gegen »gottlose Kommunisten« in aller Welt (zum Beispiel in Grenada, Nicaragua und Libyen) oder die bewußte Übertretung von Rüstungskontrollabkommen mit den Sowjets (die ja bekanntlich alle »Spione, Lügner und Atheisten« sind).

Bitte fordern Sie unser kostenloses Gesamtverzeichnis an!

Steidl Verlag · Düstere Straße 4 · 3400 Göttingen

Klaus Staeck: Bahnbrechende Worte von Kanzler Kohl

mit einem Vorwort von Dieter Hildebrandt

Neuauflage! Mit 40 neuen Zitaten aufgebläht!

Taschenbuch 192 Seiten, DM 5,00

Helmut Kohl, Bundeskanzler der Bundesrepublik Deutschland – wie stolz das klingt. Und wie schön das ist für einen Mann, der sich nach vielen Anläufen und manchen Demütigungen einen Kinderwunsch erfüllen konnte. Ein Mann, der mit seinem Beruf rundherum zufrieden ist, wo gibt es das noch in einer Welt voller Zweifel, Unsicherheit und Angst. Dieses Buch berichtet über sein Wirken und Werken.

Die Sammelleidenschaft des Heidelberger Rechtsanwalts und Grafikers Klaus Staeck (Jahrgang 1938) hat uns nicht ruhen lassen: Das jetzt mit mehr als 90 000 Exemplaren verkaufte Buch »Bahnbrechende Worte von Kanzler Kohl« wird rechtzeitig zum Wahlkampf durch neueste Zitate um 32 Seiten aufgebläht. Der nun hoffentlich letzte Aufguß von Wortschöpfungen unseres Bundeskanzlers wird durch ein Vorwort von Dieter Hildebrandt sowie ein Nachwort von Klaus Staeck ergänzt.

Bitte fordern Sie unser kostenloses Gesamtverzeichnis an!

Steidl Verlag · Düstere Straße 4 · 3400 Göttingen

Sonderdruck zur Auseinandersetzung
um die Autorenschaft Günter Wallraffs

Notizen aus der Jagdgesellschaft

von Christian Linder

*

Günter Wallraff und seine Fertigmacher

von Peter Schneider

überreicht von Ihrem Buchhändler
Steidl Verlag · Göttingen

kostenloser Sonderdruck
© bei den Autoren
Druck und Verlag: Steidl, Düstere Str. 4,
D-3400 Göttingen
ISBN 3-88243-085-0

Göttingen, November 1987

Liebe Leserinnen und Leser,

um die vielen Fragen der Freunde Wallraffs beantworten zu können, haben wir uns entschlossen, diesen kleinen Sonderdruck mit zwei ausgewählten, besonnenen und **seriös** recherchierten Zeitungsartikeln aus der Süddeutschen Zeitung (Christian Linder) sowie aus der Züricher Weltwoche (Peter Schneider) aufzulegen.

Die durch den Konkret-Herausgeber, Herrn Gremliza, ausgelöste Rufmordkampagne an Wallraff, die willfährig durch STERN und SPIEGEL kolportiert wurde, ist so ziemlich das Unappetitlichste, was die deutsche Literaturlandschaft nach dem Krieg erlebt hat.

Erlauben Sie das Zitieren einer Auslandsstimme, die die Situation treffend kennzeichnet: »Im Lande, wo Politiker mit dem Holzhammer argumentieren und mit Vorliebe auch unter die Gürtellinie des Gegners zielen, wollen sich jetzt auch die Literaten nicht lumpen lassen.«(. . .) Und weiter geht der Text unter der bezeichnenden Überschrift »Hamburger Eitelkeiten«: »Das alles sieht bedenklich nach kleinmütiger Rache aus. Zumindest im Fall des Konkret-Chefs Gremliza sprechen einige Indizien für diese These.« (Aus Züricher Tagesanzeiger vom 14. 10. 1987).

Wir hoffen sehr, daß diese kleine Druckschrift Ihrer Meinungsbildung behilflich ist. Bitte reichen Sie sie auch an Freunde und Bekannte weiter.

Gerhard Steidl
(Verleger, Göttingen)

Wirklichkeit« eindrang und seine Erlebnisse dann noch einmal in der Einsamkeit beim Schreiben literarisch durchdrang. Dieser Autor als Ein-Mann-Unternehmen ist er längst nicht mehr. Aber was ist er heute für ein Autor? Was macht die Autorenschaft an seinen Arbeiten aus? Das ist zugleich wieder die alte Frage: Wer ist das überhaupt, Günter Wallraff? Man muß darauf eingehen, um die ganze Problematik zu verstehen.

Sehr früh hat sich Wallraff durchaus in der herkömmlichen Rolle als Schriftsteller gesehen und hat sogar einige frühe autobiographische Arbeiten aus der Hand gegeben, etwa den Text »Meskalin«, erschienen im Peter Paul Zahl Verlag. Ausgangspunkt in diesen Texten war dabei eine totale existentielle Unsicherheit: Selbstzerstörungsphantasien, das Gefühl einer Verlorenheit, die Klage über ein falsches Selbst, das nicht leben konnte, weil ihm ein Zusammenhang fehlte zwischen Bewußtsein und Gefühl und Vitalität – bis Wallraff sich dann zu einem gesellschaftlichen Wesen gemacht hat, indem er sich gesagt hat: Es liegt ja nicht nur an mir, es liegt auch an den Zuständen der Welt, die die Menschen zu dem machen, was sie sind, und jetzt kläre ich das mal auf.

Weil Wallraff also selber merkte, daß das Schreiben dieser frühen Texte ihn als Person nicht deutlicher hervorbrachte, sondern ihm nur die eigene Undeutlichkeit vor Augen führte, hat er damals von diesem Schreiben losgelassen; von daher aber auch der Haß auf die Literatur, den er lange gepflegt hat. Immerhin hat er der herrschenden Literatur auch etwas entgegengesetzt: ein Werk, in dem es nicht um die von Carl Einstein kritisierte Intellektuellen-Kultur der »Fabrikation der Fiktionen« geht, sondern um die Umbildung der Wirklichkeit durch »Mitarbeit an der Umschichtung der gesellschaftlichen Tatsachen«.

Das erforderte aber, daß Wallraff seine Rolle als Autor neu definieren mußte. »Ich stehe vor der Aufgabe«, hat er 1974 erklärt, »nicht immer neue Formen der Darstellung zu finden, bewußtseinsfähig, aufklärend zu wirken, sondern plötzlich die Entscheidung zu treffen, das, was ich bis jetzt innerhalb des Schreibens geleistet habe, innerhalb einer Organisation zu leisten«. Aus dem Schreiben ist er – aus welchen noch anderen Gründen auch immer – herausgegangen mit seiner ersten öffentlichen politischen Aktion, der Demonstration gegen die faschistische Militärjunta in Athen. Seine dortige Verteidigungsrede – in der Zelle verfaßt, wer soll ihm denn bloß dabei geholfen haben? – ist für ihn selber heute noch einer seiner wichtigsten literarischen Texte. Und das war zugleich der Beginn einer »Kampfzeit«, wie er das nennt, in der er sich auch in die *Bild*-Zeitung einschlich, um das Blatt von innen her kennenzulernen. Das, was andere – kältere, distanziertere – Arbeiten über *Bild* nicht geleistet haben, nämlich das Blatt und seine Methoden wirklich beispielhaft zu veranschaulichen, das hat Wallraff geschafft – indem er auch vor Ort agierte.

Wenn Gremliza Wallraff quasi zum bloßen Rechercheur degradiert und er dann die eigentliche Arbeit getan habe, nämlich den Wust der gesammelten Informationen in eine lesbare Form zu bringen, so ist das eine völlige Verkennung dessen, was das Buch ausmacht: nämlich die Kreativität, die Wallraff in seiner Rolle gezeigt, die Schalkmethoden, mit denen er die *Bild*-Zeitung und die Motive ihrer Macher sichtbar gemacht hat. Ein normaler Schauspieler könnte diese Rollen-Arbeit nicht leisten, weil er zu gut wäre; ein normaler Regisseur könnte es nicht, weil er zu sorgfältig wäre. Aber das Chaos, das die Person Günter Wallraffs darstellt, ermöglicht es ihm wahrscheinlich, dem Chaos der Wirklichkeit beizukommen. Allerdings ist das Drama seiner Literatur, daß er heute von seinen eigenen Erfahrungen nicht mehr so authentisch sprechen kann wie in seinen frühen literarischen Anfängen, als er noch nackt und ungeschützt war, nicht gerüstet durch seine Tarnkappe.

Da seine heutige Arbeit aber auch nicht mehr vornehmlich mit ästhetischen Kriterien zu beurteilen ist, mit Hinweis auf sein individuelles Schreiben-Können, deshalb war er ja aus den Feuilletons verschwunden. Seine Aktionen gerieten manchmal zu Kommando-Unternehmen, bei denen viele Leute beteiligt waren. Aber alles, was passierte bei solchen Unternehmen, war immer gefiltert durch die Person Günter Wallraffs mit seinem Anspruch des »Prolet-(Groß-)Schriftstellers« – was man ihm vorwerfen kann und immer vorgeworfen hat. Immerhin hat er aber auch stets seinen Kopf hingehalten: Jahrelang wurde versucht, ihn durch Prozesse mürbe zu machen, und seine Arbeit als Autor bestand ja bei dem *Bild*-Buch etwa auch darin, eine Auflage nach der anderen zu verändern, um sie juristisch abzusichern.

Zugleich, das darf man nicht vergessen, hat er diese starken Energien natürlich stets gehabt, weil er in seiner aktuellen Arbeit immer auch noch sein altes Leiden, das Leiden seines alten, abgelegten Ichs, fixieren und stillen muß, wobei ihm die jeweiligen Masken nie nur als Instrument dienen, sondern ihm auch immer Kontinuität und Sinn geben. Aber weil er sein altes Leiden, hinter dem sich auch ein Narziß-Problem verbirgt, fixieren und stillen muß, riskiert er natürlich auch immer wieder, mit den Narziß-Problemen, die seine Mitarbeiter ebenfalls haben, zusammenzustoßen.

Und nun? Konsequenzen? Daß die Gruppenarbeit für ihn vorbei ist, daran läßt Wallraff keinen Zweifel; er will ganz alleine weiterarbeiten, von Fall zu Fall begleitet durch eine Video-Kamera. Die jetzigen Vorgänge bedeuten für ihn in jedem Fall eine Zäsur in seiner Arbeit. Daß die bisherige Arbeit, wie von Gremliza, als Müll, Dreck, Schund, Schmiere, Lüge bezeichnet wird, das erinnert ihn an die Reaktionen der *Bild*-Zeitung – »die gebrauchte dieselben Wörter«. Aber das macht ihn traurig, wie man da zwanzig Jahre Arbeit »wegtreten« will.

»Dahinter ist ein Vernichtungswille«, klagt er. »Wie kommt es, daß in diesem Land der Meuteinstinkt so stark ausgebildet ist – da ist jemand angeschlagen und alle lecken Blut, und dann schmeißen sie sich als Meute über das Opfer und wollen es zerfetzen. Und warum geschieht das immer so überfallartig? Warum gibt es da keine Differenzierungen mehr? All das, was ich über die Jahre einer eiskalten Gesellschaft mit Lust und Phantasie hereingewürgt habe, versucht sie jetzt bloß einfach wieder auszukotzen.«

aus: Süddeutsche Zeitung vom 17.10.1987

Peter Schneider

Günter Wallraff und seine Fertigmacher

Wie der Marathon-Mann der Sozialreportage scheinheiliger Empörung zum Opfer fiel

Sonst noch jemand, der unter dem Pseudonym Günter Wallraff einen Bestseller oder vielleicht auch nur ein Kapitelchen daraus geschrieben hat? Wer will noch mal, wer hat noch nicht? Der schweige nicht länger, sondern trete jetzt vor und dann nach – ganz so, wie »Stern«-Reporter Kai Hermann »in Sachen Wallraff« vorschlug: »Nun aber darf nachgetreten werden. Jetzt werden andere Kollegen den Kopf heben und bekanntmachen: ›Ich war auch Wallraff.‹«

Die deutsche Linke hat ihren »Fall Barschel«, und ihr (Ver)-Pfeiffer heißt Hermann L. Gremliza. Der Herausgeber der Hamburger Monatszeitschrift »Konkret« behauptet: Das Buch über seine Erlebnisse in einer Redaktion des Boulevard-Lügen-Blatts »Bild«, das Wallraff vor zehn Jahren im Schnellschussverfahren – seine Tarnung als Hans Esser war aufgeflogen – als prozessträchtigen Bestseller veröffentlicht hatte, stammt nicht von Wallraff. Sondern vielmehr von Gremliza selbst, der jetzt beschloss, aus dem »schweigenden Mitmachen« auszubrechen, und der darum nun bekennt, daß das Buch »von der ersten Zeile des Vorworts bis zur letzten des Nachworts ... an meinem Schreibtisch entstand ... Ich sage die Wahrheit, und Wallraff lügt nicht: Keins seiner Werke hat er geschrieben, und alle stammen von ihm.« »Stern«-Kollege Hermann sekundierte mit der Behauptung, noch nie habe Wallraff »vor einem weissen, bedrohlich weissen Blatt Papier gesessen«.

Selbstloser als sein Kieler Kollege Pfeiffer scheute der Hamburger Enthüller Gremliza das wirkungsvolle Bekenntnis auch nicht um den Preis der Selbstanklage: Wer sonst steht schon freiwillig öffentlich ein für ein Werk, »dessen literarischer Wert Müll und dessen politischer Wert eine Pleite bedeutet« – G. über G. alias W. –, nachdem der gute Name durch mildtätig-konspiratives Schweigen doch zehn lange Jahre gnädig gedeckt gewesen war?

Wie ist das nun mit Günter Wallraff und dem ominösen weissen Blatt Papier? Hat er jemals vor einem ebensolchen gesessen oder hat er nicht?

Er hat. Wallraff sagt die Wahrheit, und Gremliza lügt nicht (nur): Der »Konkret«-Herausgeber hatte es gleichsam als Lektor auf Honorarbasis für Wallraffs Verlag Kiepenheuer & Witsch übernommen, das »Bild«-Buch »Der Aufmacher« zu redigieren und dabei u. a. auch von Wallraff lediglich auf Band diktierte Erlebnisse in Geschichtenform zu bringen. Für diese Redaktionsarbeit liegt eine Rechnung des »Konkret«-Verlages an Kiepenheuer und Witsch vor, ausgestellt am 1. 12. 1977 über eine Gesamtsumme von 61 327,50 DM. Gezahlt wurde von Wallraffs Kölner Verlag per Bankanweisung am 24. 1. 1978.

Dass aber Wallraff gar nichts getan hat, ausser *erlebt,* jedenfalls nie selbst etwas *geschrieben* hat, wie Gremliza dem einstigen »Konkret«-Zugpferd vorwirft, diese Invektive avancierte zwar schnell in den Medien zum hochkarätigen Skandalthema – sie ist gleichwohl ein Schmarrn, weil durch einfachen Augenschein zu widerlegen.

»Bislang wollte das Material noch niemand sehen; ich zeige Ihnen, wenn Sie wollen, handschriftliche Manuskriptteile von dem Buch, das Gremliza geschrieben haben will« – also Ortstermin in Sachen Wallraff. Die angebliche »Schreibfirma« Wallraff residiert in einem schmalen mehrstöckigen Haus (Thebäerstrasse 20) im Kölner Arbeiterquartier Ehrenfeld, das der »Bestsellerzar« bzw. »Bestsellerkrösus« (»Spiegel«) »zu einem Drittel von den Grosseltern geerbt hat« (Wallraff).

Die schriftlichen Beweise der Wallraffschen Schreibtisch-Täterschaft sind in gelben Plastikordnern abgeheftet, ein ziemliches Durcheinander aus Zetteln, Manuskripten und Typoskriptblättern. Wallraff liest Stellen aus dem »Aufmacher« vor, ich vergleiche mit den entsprechenden handgeschriebenen Seiten. Im grossen und ganzen stehen die Wendungen aus Wallraffs Kugelschreiber auch so im Buch, ab und zu ist ein Wort geändert, ein Satz geringfügig umformuliert, mal einer ausgelassen. Über die genauen Anteile der Autorenschaft der Buchformulierungen sagen solche Stichproben natürlich nichts aus; aber in diesem Streit Gremliza kontra Wallraff geht es ja nicht (wie auch schon mal) um Prozente, sondern um das literarische »alles oder nichts«.

»Man könnnte das Alter des Papiers bestimmen und eine

Handschriftenprobe machen.« Nicht nötig: Für den Fall, dass Günter Wallraff tatsächlich die letzten Tage und Nächte vor meinem Besuch damit verbracht haben sollte, für alle Fälle vorsichtshalber sein Buch mit ein paar Änderungen noch mal von Hand ins Unreine zu kritzeln, dann wird er – sicher ist sicher – raffinierterweise dafür auch Kugelschreiber und Ringbuchblätter vom Flohmarkt verwendet haben. Oder aber: Gremliza hat ihm das vor zehn Jahren in die Feder diktiert, bevor es Wallraff Gremliza in die Maschine flüsterte. (Kein Beweis ist so gut, dass es nicht noch einen bessern Verdacht gäbe.)

Ein paar kurze Einleitungspassagen, erklärt Wallraff, stammen vollständig von Gremliza – sie enthalten an Erkenntnissen freilich auch nicht derart ewiggültige Gedanken, daß es Sinn macht, sich zehn Jahre später in einer gross inszenierten Selbstbezichtigungsaktion um die Autorenschaft zu reissen.

Was uns der Kasus lehrt? Dass die derzeitige Aufregung um Wallraff eine reichlich scheinheilige Angelegenheit ist. Wenn »Der Aufmacher« nämlich etwas sicher *nicht* ist, dann ein Stück Belletristik: Das Buch ist eine schnell heruntergeschriebene und -diktierte Dokumentation eines unverfrorenen und aufschlussreichen Schelmenstücks, auf das in dieser Art vor Wallraff noch keiner gekommen ist. Eines Schelmenstücks, das nicht nur politischen Erfolg gegen Springers Flaggschiff fürs Grobe, »Bild«, für sich verbuchen konnte, sondern übrigens auch ökonomischen für »Konkret«. Belegt wird das durch den Brief eines damaligen »Konkret«-Redakteurs vom 23. 10. 1979, der Wallraff eindringlich zu bedenken gab: »In einem Interview mit einer spanischen Zeitung sagst Du, dass Du allein in ›Konkret‹ schreiben kannst, wie du denkst. Im August letzten Jahres erschien der letzte Beitrag von Dir, der nicht auf den Vorarbeiten zu Deinem zweiten ›Bild‹ basierte ... In anderen Zeitschriften erschienen solche Artikel ... ›Konkret‹ ist in gewisser Weise auf diesen Autor Wallraff angewiesen ... Vor zwei Jahren hatten wir mit der Wallraff/ ›Bild‹-Titelgeschichte einen guten Auflagen-Erfolg. Eine Wiederholung eines solchen Schubs hätten wir nötig gehabt. Daher unser Wunsch nach Presse-Exklusivität ...«

Elend der Linken

Warum eigentlich, fragt man sich jetzt nach Gremlizas Geständnis, hat nicht der »Konkret«-Chef selbst unter seinem bereits bewährten Pseudonym auch weiterhin die angeforderten Artikel fürs eigene Blatt verfaßt? Wozu erst die umständliche briefliche Ermahnung bei Günter W., wenn von dem doch angeblich nichts weiter als der gute Name stammte?

Und jetzt soll die schlichte Tatsache, dass bei der Redaktion und Formulierung dieses Stücks politisch wirkungsvoller Nicht-Literatur mehr als ein Koch mitgemischt hat, wie die Enthüllung inszeniert werden, hinter mindestens der Hälfte von Goethes Gesammeltem verberge sich in Wirklichkeit ein gewisser Schiller? Es muss im übrigen wohl ein böser Fluch über diesem »Bild«-Buch schweben, denn schon kurz *vor* seiner Veröffentlichung sorgte es für gehörigen Knatsch in der bundesdeutschen Linken: Der Ex-Herausgeber von »Konkret«, Klaus Rainer Röhl, soll Wallraffs Undercover-Tätigkeit bei »Bild« verraten haben. Mit ironischer Häme druckte »Konkret« damals eine Gegendarstellung Röhls und befand: »Damit ist wohl dieses Kapitel ›linker‹ Pressegeschichte endgültig abgeschlossen.« Pustekuchen. Jetzt geht's, scheint's, erst richtig los: Das alte Elend der Linken, dass sie einander mit Vorliebe selbst zerfleischen, wenn sie sich nicht gerade durch das Ausstellen von Solidaritätserklärungen davon ablenken.

Schlagt die blaue Blume tot, färbt die Germanistik rot: Es war, als dieses markige Graffiti die Flure der germanistischen Seminare zierte – Ende der sechziger Jahre –, dass der Aufstieg des Geschichten-die-das-Leben-schreibt-Literaten Günter Wallraff zum auflagenhohen Autor begann. Wallraffs »Masche«, nahezu von Anfang an: Selbsterfahrungsliteratur besonderer Sorte. Nicht mit innengewendetem Hypochonder-Blick, sondern als teilnehmender Beobachter: Als Günter Wallmann arbeitete der Autor der frühen »Industriereportagen« in den Exklaven der vielgepriesenen bundesdeutschen Demokratie: »Am Fliessband« und »Auf der Werft«, »Im Akkord« und »Im Stahlrohrwerk« – so hiessen die Titel seiner u. a. in Gewerkschaftsblättern, später dann als Buch publizierten Berichte. Wallraff protokollierte in schlichten Sätzen das Erlebte und brachte es an die Leser als das, was man damals mit dem gewissen Leuchten in den Augen »Literatur der Arbeitswelt« nannte. Nach zwanzig Jahren Wallraff-Reportagen mag man heute über das Aufklärer-Pathos des Schreib-Arbeiters lächeln – Anfang der siebziger Jahre freilich las man als Schüler und Student die Berichte vom Fliessband wie Offenbarungen aus einer fernen Welt, von der man bislang

nichts gewusst hatte. Mit wachsender Popularität langte das
»-mann« statt »-raff« nicht länger als Tarnung: Das Wallraffsche
Rollenspiel wurde komplizierter und aufwendiger. Erklärter-
massen ist nicht die Literatur seine Sache, sondern die eingrei-
fende Aktion: Die Maskierung, die listige Verstellung wurden
schliesslich Wallraffs Markenzeichen. Zweites Markenzeichen:
die Prozesse im Anschluss an Wallraffs Enthüllungen. Gegen
eine ganze Lawine davon hatte Wallraff sich zu behaupten, nachdem seine Entlarvungsgeschichten aus der »Intensivstation der
Traumwelt« (vulgo: »Bild«) erschienen waren. Spätestens seither
wurde der Kauf der Wallraff-Bücher zum Wettlauf mit einstweiligen Verfügungen: Wer bekommt noch die vollständige Erstaus-
gabe, wer bloss eine der folgenden mit den schwarzen Balken?

Wallraff machte auch Aussenpolitik: zunächst, als er sich 1974
auf dem Syntagma-Platz in Athen ankettete, Flugblätter gegen
den (damals) faschistischen Nato-Partner Griechenland verteil-
te, verhaftet, geschlagen und gefoltert wurde und schließlich mit
seinen Berichten von diesen Erlebnissen ein Schlaglicht auf die
Unterdrückungspraktiken eines mit der Bundesrepublik
befreundeten Regimes war. 1976 entlarvte er, als deutscher Waf-
fenhändler verkleidet, die Putschpläne des vormaligen portugie-
sischen Interimspräsidenten Spinola gegen das gerade zuvor
demokratisierte Land.

Pfahl durchs Herz

Jetzt allerdings, da auch die Linken mittlerweile eher wissen, wer
Armani ist, als dass sie sich erinnerten, wer Gramsci war; jetzt,
da die »Zeitgeist«-Postille »Tempo« in der letzten Ausgabe (zum
zehnjährigen Todestag von Baader, Raspe und Ensslin) Innenan-
sichten aus dem Hochsicherheitstrakt des Gefängnisses Stutt-
gart-Stammheim präsentierte, als handle es sich um Werbefotos
für kühles Italo-Design – da muss Günter Wallraff wie ein Fossil,
wie der Gruftie Jg. '68 par excellence wirken, wie ein Zombie, dessen ruhelos schweifender Geist endlich einmal von seinen fixen
Ideen zu erlösen wäre. Am besten, indem man dem Säulenheili-
gen von einst den verdienten Pfahl durchs Herz bohrt?

Mit dem ihm eigenen Pathos erklärt sich Günter Wallraff seinen Sturz vom Aufklärer zum »Fall« so: »Ich bin der Stachel im
Fleisch der Gesellschaft, den sie nun wieder herauseitern will.

Der Psychoanalytiker Horst-Eberhard Richter hat mir diese Reaktion schon vor geraumer Zeit einmal prophezeit.«

Ganz unschuldig ist der Marathon-Mann Wallraff an seinem Fall nicht: Zu sehr hatten er und seine Brotgeber teils am Image des Einzelkämpfers mitgebastelt, teils ihm nie recht widersprochen, als dass nicht die Zuträger und Mitarbeiter irgendwann Lust auf Demontage bekommen mussten. Wallraff will nun aus den Eklats Konsequenzen ziehen: »Bei meiner nächsten Rolle komme ich ohne Mitarbeiter aus.« Der Erfolgs- und Legitimationsdruck, der auf Wallraff lastet, muss ungeheuer sein.

Tatsächlich ist manches an Wallraffs Arbeit und ihrer Wirkung zu kritisieren, aber ohne dass es dazu schadenfreudiger Demontage bedürfte. Solche Ansätze sind beim Urheberstreit zwischen Gremliza und Wallraff bislang völlig untergegangen, obwohl sich in Gremlizas Philippika durchaus einige kluge Sätze dazu finden: »Das macht ja den Unwert der bloss moralischen Empörung aus: Sie muss den Unterdrückten, um mit ihm leiden zu können, idealisieren, muss den mit Gewalt Entfremdeten, Entwürdigten, den Proleten, den Türken, den Schwarzen als den wahren, guten, schönen Menschen begreifen, dem die Armut als ein grosser Glanz aus innen blinkt.«

Es genüge doch, meint der »Konkret«-Herausgeber, »einen Blick durch die Speisenausgabe des Stammlokals zu werfen«, um sich über die elenden Arbeitsbedingungen der Türken zu informieren. Stimmt wahrscheinlich. Schlimm genug aber, daß diese Zustände nicht Medienthema wurden, bevor sie nicht, in Worte gefaßt, zwischen Buchdeckel gepresst und mit dem Stempel »Wallraff was here« beglaubigt waren. Erst Wallraffs Buch über seine Erlebnisse als Leiharbeiter Ali hat in jüngster Zeit das Bewusstsein für diese Art von neuem Sklavenhandel geschärft.

Einen der letzten Coups Wallraffs, eine Fingerübung sozusagen: Bei einem Schriftstellertreffen in Moskau filmte der Glasnost-Aktionist Günter W. mit versteckter Videokamera den Sowjet-Herrn Gorbatschow im Kreml. Ein harmloser Scherz? Ein nettes Kunststückchen jedenfalls. Eine richtige *Enthüllung* aber würde draus, wenn jetzt Kurt Felix bekennen würde: Ich war Günter Wallraff.

aus: Die Weltwoche, Zürich, 22. 10. 1987

Solidarität mit Günter Wallraff

Wir verwahren uns gegen die Form einer Rufmord-Kampagne mit dem Ziel, einen unbequemen Autor, der bisher durch Prozesse und Medienkampagnen nicht mundtot zu machen war, durch Diffamierung *zum Schweigen zu bringen.*

Wir schätzen die über 20jährige aufklärerische Arbeit von Günter Wallraff, der unter Einsatz seiner Existenz ein unverwechselbares Werk vorzuweisen hat.

Wir solidarisieren uns mit ihm und wollen ihn ermutigen, seine Rollen-Reportagen im Sinne seiner Aktionskunst fortzusetzen.

Günter Grass
Bernt Engelmann
Max von der Grün
Manfred Bissinger
Klaus Staeck
Franz Alt
Jürgen Alberts
Peter Rühmkorf
Peter Härtling
Heinz Ludwig Arnold
Gerd Heidenreich
Jürgen Manthey
Paul Kersten
Thorsten Becker
Uwe Heitkamp
Freimut Duve
Georg Stefan Troller
Hannelore Gadatsch
Claus Gadatsch
René Böll

Klaus Wagenbach
Rob van Gennep
Karl-Heinz Hansen
Osman Okkan
Eckardt Spoo
Peter Turrini
F. C. Delius
Michael Schneider
Ingrid Krüger
Johanno Strasser
Gerhard Steidl
Theo und Amalie Pinkus
Wolf Biermann
Helmut Gollwitzer
Petra Kelly
Gert Bastian
Uwe Timm
Herbert Achternbusch
Dieter Wellershoff
Dieter Hildebrandt

Stand: 25. 10. 1987